Wissenschaftliche Beiträge
aus dem Tectum Verlag

Reihe Sozialwissenschaften

Wissenschaftliche Beiträge
aus dem Tectum Verlag

Reihe Sozialwissenschaften
Band 100

Julia Welsing

Schamanismus im Coaching

Transfer und Adaption indigener Traditionen in Beratungsprozesse

Mit einem Vorwort von Prof. Dr. phil. habil. Markus Jüster

Tectum Verlag

Julia Welsing
Schamanismus im Coaching
Transfer und Adaption indigener Traditionen in Beratungsprozesse

Wissenschaftliche Beiträge aus dem Tectum Verlag
Reihe: Sozialwissenschaften; Bd. 100

© Tectum – ein Verlag in der Nomos Verlagsgesellschaft, Baden-Baden 2021
ISBN 978-3-8288-4691-3
ePDF 978-3-8288-7775-7
ePub 978-3-8288-7776-4
ISSN 1861-8049

Umschlaggestaltung: Tectum Verlag, unter Verwendung des Bildes
698328304 von Bandolina | www.shutterstock.com

Gesamtverantwortung für Druck und Herstellung:
Nomos Verlagsgesellschaft mbH & Co. KG
Printed in Germany

Besuchen Sie uns im Internet
www.tectum-verlag.de

Bibliografische Informationen der Deutschen Nationalbibliothek
Die Deutsche Nationalbibliothek verzeichnet diese Publikation
in der Deutschen Nationalbibliografie; detaillierte bibliografische
Angaben sind im Internet über http://dnb.d-nb.de abrufbar.

Vorwort

Schamanismus in der Beratung? Voodoo! So – oder so ähnlich – könnte man aus wissenschaftlicher Sicht an die Fragestellung herangehen. Mit dem Begriff des Schamanismus sind Attribute wie „Wunderheilung" assoziiert und an Wunder darf man glauben, sie entziehen sich jedoch per se einer wissenschaftlichen Betrachtung.

Wir beobachten allerdings Phänomene der Veränderung, der Therapie oder Heilung in der Anwendung schamanischer Riten und Rituale. Wie aber kommen diese zustande, welche Gemeinsamkeiten gibt es zu westlichen Verfahren und welche Differenzen? Können sogar Gemeinsamkeiten zur Praxeologie „anerkannter" Beratungsszenarien gezogen werden? Zur Beantwortung dieser Fragen bedarf es zunächst des Mutes sich unvoreingenommen dem Thema stellen zu wollen und einer konstruktiv-kritischen Herangehensweise an die Aufgabenstellung.

Julia Welsing stellt sich dem Thema mit Mut und einer konstruktiv-kritischen Haltung. Dabei fokussiert sich die Arbeit auf ein Teilgebiet des Coachings bzw. der Beratung: auf das einer möglichen Sinnsuche. Insofern dieses Anliegen im Kern des Beratungsprozesses liegt, ist zu fragen, ob schamanische Techniken nicht Bestandteil eines Prozesses der Selbst- und Sinnfindung sein können. Die Autorin geht dabei davon aus, dass Schamanismus Teil des spirituellen Erbes der Menschheit ist und durch Bewusstsein verändernde Interventionen ein Transfer nicht aktualisierter Persönlichkeitsanteile zu einer umfassenderen Integration in die Gesamtpersönlichkeit möglich ist. Insofern stellt sie hier ihre Kernfrage: „Wie lassen sich indigene Traditionen des Schamanismus sinnhaft in Beratungsprozesse transferieren und adaptieren?" Umfangreich gliedert sie daraus ableitbare weiterführende Fragestellungen, welche sich mit der Tradition, den Charakteristika, Standards und Wirkfaktoren sowie der Rolle des Coaches beschäftigen.

Die Arbeit führt sehr konzentriert in die schamanische Geschichte, deren Kulturen, Wirklichkeit und Weltsicht ein. Anschließend wird eine Brücke in die westliche Weltsicht geschlagen um dann anhand von Interviews die Möglichkeit der Integration schamanischer Techniken in einen westlich geprägten Beratungs- oder Coachingprozess zu analysieren.

Dabei wird die schamanische Weltsicht vorgestellt und auch in Kontrast mit der westlichen Weltsicht gebracht. Hier geht es dann nicht um „Missionierung" im Sinne einer Aneignung schamanischer Denkweisen in einen westlich orientierten Beratungsstil. Es geht auch nicht um die Übernahme einzelner Techniken oder Methoden im Sinne eines „therapeutischen Shoppings". Vielmehr geht es um die Darstellung unterschiedlicher Kulturen, Wirklichkeiten und Herangehensweisen. Dennoch erscheinen Konvergenzen, so etwa in der Sequenzierung von Beratungsprozessen, und es können schamanische Reisen ebenso als gegliederte Verläufe von Veränderungsprozessen angeschaut werden. Diese Herangehensweisen erscheinen dann doch recht nahe zu narrativen Verfahren oder hypnotherapeutischen Interventionen zu stehen. Beispielsweise bedient sich auch die Psychoanalyse der Macht der Bilder und interpretiert diese oft nach eigenen Vorstellungen.

So ist die Arbeit von Frau Welsing eine große Anregung für all die Beratenden, welche sich im eigenen Tun auch einmal durch einen anderen kulturellen Blickwinkel bereichern lassen wollen. Ebenso regt die Arbeit dazu an, sich kritisch zu hinterfragen, welche Folgen und Auswirkungen unsere moderne Gesellschaft auf die darin lebenden Individuen hat.

In diesem Sinne kann von einer Irritation gesprochen werden, einiges mag neu oder befremdlich wirken. Dies kann uns helfen, nicht hinterfragte Selbstverständlichkeiten im eigenen Tun als Berater*innen doch in Frage zu stellen und ein eigenes Verstehen und Selbst-Verständnis in unserer Profession beständig weiter zu entwickeln.

Kempten, 19.05.2021

Prof. Dr. phil. habil. Markus Jüster
Studiengangsleiter Master Beratung, Organisationsentwicklung und Coaching Hochschule Kempten

Motivation der Autorin

Die Idee zu dieser Masterarbeit entwickelte sich aus meinem persönlichen Spannungsfeld. Während der Erstellung dieser Untersuchung, welche im Rahmen des Studiengangs M.A. Supervision und Coaching entstanden ist, habe ich zertifizierte Aus- und Weiterbildungen absolviert. Zudem gilt mein persönliches Interesse schamanischer Prozessarbeit, wozu ich ebenfalls eine umfassende Ausbildung genossen habe, bzw. mich in stetiger Weiterentwicklung befinde.

Durch die schamanisch geprägten Erfahrungen fand sowohl eine Vertiefung meines bisherigen Wissens als auch eine Erweiterung meines Horizontes statt. Diese Erfahrungen spiegelten sich zunehmend in meinen beraterischen Settings wider, wenn diese den Prozess zielführend zu unterstützen schienen. Dadurch ergab sich eine gewinnbringende Erweiterung des Spektrums an Methoden und Techniken, die sich vor allen Dingen bei Sinnfragen der Klienten als unterstützend erwiesen. Es erschien bedeutsam, diese Techniken nicht als „Event" darzustellen, sondern das Mosaikstück zu finden, das sich als Element eines Gesamtprozesses in eine bestehende Lücke einfügt und dem Ziel des Ratsuchenden dienlich ist.

Allerdings ergab sich ein größerer Bedarf an Ausloten, Hinhören, Abgleichen des vorhandenen Wissens sowie „Kramen" in der beraterischen Werkzeugkiste. Zwischen den klar definierten beraterischen Vorgehensweisen und den schamanischen Techniken stellte ich gewisse Prallelen aber auch Unterschiede fest. Aus der Verknüpfung dieser beiden Ansätze resultierten Fragestellungen, die die beschriebenen Leit- und Detailfragen dieses Werks bilden. Durch die Auseinandersetzung im Rahmen dieser Masterthesis sollen die vorhandenen Wissenslücken geschlossen werden.

Julia Welsing

Inhaltsverzeichnis

Abbildungsverzeichnis

Tabellenverzeichnis

Abkürzungsverzeichnis

BAPS	Berufsverband für authentisch praktizierende Schamanen
bzw.	beziehungsweise
DGSF	Deutsche Gesellschaft für Systemische Therapie, Beratung und Familientherapie
d.h.	das heißt
Dr.	Doktor
DVNLP	Deutscher Verband für Neuro-Linguistisches Programmieren
EMDR	eye movement desensitization and reprocessing
etc.	et cetera
FSS	Foundation for Shamanic Studies
ggf.	gegebenenfalls
Hz	Hertz
LKW	Lastkraftwagen
NAW	Nichtalltägliche Wirklichkeit
NB	Normaler Bewusstseinszustand
NLP	Neuro-Linguistisches Programmieren
OW	Obere Welt
SB	Schamanischer Bewusstseinszustand
SL	Seminarleiter
TN	Teilnehmer
u.a.	unter anderem
US	United States
USA	United States of America
UW	Untere Welt
WHO	Weltgesundheitsorganisation

Allgemeiner Hinweis

Aufgrund der besseren Lesbarkeit wird in dieser Arbeit überwiegend die männliche Form verwendet. Selbstverständlich sind damit auch alle weiblichen Personen angesprochen.

1 Einleitung

Gegenstand dieser Masterthesis ist die sinnhafte Integration von Schamanismus in Beratungsprozesse. Zunächst wird die Ausgangssituation aus unterschiedlichen Perspektiven betrachtet und eine Hypothese hergeleitet. Die Forschungsfrage wird formuliert und mit Detailfragen expliziert. Weiter werden die Ziele der Arbeit benannt, erste Darstellungen zur Schamanismusforschung illustriert sowie die Vorgehensweise innerhalb der Arbeit beschrieben.

1.1 Ausgangssituation und Leitfrage

Schamanismus wird in Deutschland immer beliebter. Seit den späten 1960er Jahren stieg das populäre Interesse an den Traditionen der Naturvölker, was vor allen Dingen durch die ‚angeblichen‘ Feldforschungsberichte des kalifornischen Kulturanthropologen Carlos Castaneda in Gang gesetzt wurde.[1] In *Die Lehren des Don Juan*[2] sowie in *Das Wirken der Unendlichkeit*[3] beschreibt Castaneda seine Reise in die Nichtalltägliche Wirklichkeit der Yaqui-Indianer in Mexiko und seine 13-jährige Lehrzeit bei einem alten Medizinmann und „Wissenden" des Stammes.

Schamanismus scheint die älteste oder eine der ältesten spirituellen Traditionen der Welt zu sein. Archäologische Untersuchungen gehen zurück bis ins Jungpaläolithikum vor etwa 35.000 Jahren.[4] Ethnologischen Berichten nach, ist die Technik des Schamanismus sogar 60.000 Jahre alt und war früher weltweit verbreitet. Durch die schamanischen

---

1 Vgl. Passie (2005), URL: http://www.schamanismus-information.de/rezeptionsgeschichte/der_schamanismus.htm.
2 Castaneda (2017).
3 Castaneda (2018).
4 Vgl. Marx (2015), Minute: 00:01:59, URL: https://www.youtube.com/watch?v=ua3f9Jo9Fec. sowie Marx (2010), S. 9.

Techniken wird mit Hilfe von veränderten Bewusstseinszuständen Einblick in Vergangenheit, Gegenwart und Zukunft gewonnen und gleichzeitig kann mit ihnen geheilt werden.[5] Damit ist der Schamanismus wahrscheinlich die älteste Methode, um das Bewusstsein für die Lösung von Problemen und zur Heilung einzusetzen.[6]

Schamanismus wird als Sammelbegriff für zahlreiche Heilrituale und Zeremonien verwendet, die in Abhängigkeit des kulturellen Umfelds, in welchem sie durchgeführt werden, variieren. Schamanische Praktiken sind sozio-religiös geprägt und sollen körperliche und psychische Krankheiten heilen.[7]

Die Vielfalt schamanischer Traditionen zeigt sich in differenzierten Ausdrucksformen. Ein *Titioulo*[8] in Westafrika hat die Fähigkeit mit den Naturkräften, mit den Pflanzen und Tieren zu kommunizieren.[9] Im *Bön*, der archaischen Religion Tibets, wird die gesamte Natur als beseelt betrachtet, was einer animistischen Weltanschauung entspricht. Die kosmischen Kräfte und Prinzipien der Natur werden als Geister und Götter gesehen, die Nutzen oder Schaden bringen können.[10] Das Weltbild der *Maori* in Neuseeland ist geprägt von Spiritualität, menschlicher Anteilnahme und gegenseitiger Fürsorge.[11]

Traditioneller Schamanismus ist alles andere als „kuschelig".[12] In den indigenen Kulturkreisen werden Schamanen berufen, was häufig mit leidvollen Erfahrungen, wie beispielsweise dem Eindringen von Geistwesen in den physischen Körper verbunden ist, weshalb die Berufung zum Schamanen häufig als „Schicksal" angesehen wird.[13] In Sibirien wurde für diesen Leidensweg, der mit der Berufung einhergeht der Begriff der „Schamanenkrankheit" geprägt. Anzeichen für die Berufung zum Schamanen können starke Unruhe, problematisches Sozialverhal-

---

5 Vgl. Müller-Ebeling (2002), S. 14.
6 Vgl. Marx (2010), S. 12.
7 Vgl. Barve (2013), S. 2.
8 Forschungsbericht über: Elie Hien, 1941 geboren gehört dem *Dagara*-Stamm in Burkina Faso (Westafrika) an.
9 Vgl. Kolb (2000), S. 11.
10 Vgl. Hell (2000), S. 17.
11 Vgl. Binder-Fritz (2000), S. 63.
12 Vgl. Marx (2010), S. 27.
13 Vgl. Reimers (2000), S. 33 ff.

ten, Essstörungen oder andere Anzeichen für Verrücktsein darstellen. Künzel beschreibt, dass die psychischen und physischen Symptome der Berufungskrankheiten mit der Annahme des Auftrags zum Heilen verschwinden.[14]

Der promovierte Anthropologe, Michael Harner, betrieb 50 Jahre lang ausgiebige Feldforschungen bei den nord- und südamerikanischen Indianern, in Mexiko, in der Kanadischen Arktis, in Lappland sowie in Zentralasien. Die Essenz seiner vergleichenden Studien wird als Core-Schamanismus bezeichnet. Dieser Kern-Schamanismus beinhaltet die fundamentalen Prinzipien der schamanischen Praxis, die sich bei allen indigenen Völkern als dieselbe erwies. Bei der Vermittlung des Kern-Schamanismus wird das Wissen so aufbereitet, dass es in die eigene Kultur integrierbar ist – dabei geht es nicht um eine Imitation nativer Praktiken.[15]

In Europa besteht ein großes Interesse am Neo- oder Europäischen Schamanismus.[16] Die Anzahl der Teilnehmer an den Kursen der Foundation for Shamanic Studies Europe (FSS) hat sich in den Jahren von 1993 bis 2003 verdoppelt.[17] Nach Auskunft von Roland Urban, Geschäftsführer der FSS Europe, hat seit Anfang der 2000er Jahre eine fortlaufende Diversifizierung im deutschsprachigen Raum stattgefunden. Einerseits wird dies bedingt durch die Angebote der FSS. Andererseits wurde die Verfügbarkeit des Schamanismus durch die zunehmende Reisetätigkeit indigener Schamanen bzw. entsprechender Veranstaltungen sukzessive gesteigert.[18]

Schamanismus fasziniert Menschen heute ungemein, weil er sie an ihre spirituellen Wurzeln erinnert. Durch die vielen Zeremonien und Rituale, die im Schamanismus angeboten werden, wird die Seele tief berührt. Beispielsweise über Feuerzeremonien, Schwitzhütten oder

---

14 Vgl. Künzel (o.J.), URL: http://www.shaman-magazine.com/magazine/Pressemeld ungen/019/008/488/51/99999/1/1.
15 Vgl. Harner (12/2013), S. 13,14.
16 Vgl. Marx (2010), S. 27.
17 Vgl. Mayer (2003), S. 7 ff.
18 Vgl. Urban E-Mailkorrespondenz vom 26.10.2019.

Despacho Zeremonien werden die Selbstheilungskräfte im Menschen aktiviert.[19]

Brave bemängelt, dass die wachsende Beliebtheit schamanischer Angebote und Bücher häufig mit einem unwissenschaftlichen Ansatz einhergeht. Sie zeigt auf, dass man durch Teilnahme an einem Kurs, beispielsweise der Volkshochschule, im Handumdrehen zum Schamanen avancieren kann. Der Widerspruch, dass das „geheime" Wissen der Eingeweihten durch kommerzielle Zugänge nicht mehr geheim sein kann, scheint niemandem aufzufallen oder zu missfallen.[20]

Der Berufsverband für authentisch praktizierende Schamanen (BAPS) vertritt die Haltung, dass der echte Schamanismus flächendeckend ausgerottet wurde, weshalb auch die Weiterentwicklung zu den Neo-Schamanismen qualitativ zu verabschieden sei. Der Berufsverband hält ein Angebot vor, die Seriosität von Anbietern zu prüfen, da es viele Richtungen gebe, die nicht seriös seien.[21]

Trotz der kritischen Stimmen schreiben zahlreiche Autoren mit einem wissenschaftlichen Hintergrund über den Einsatz schamanischer Elemente in der Psychotherapie. Der *Heilungsweg des Schamanen im Lichte westlicher Psychotherapie und christlicher Überlieferung*[22] oder *Schamanismus und Psychotherapie*[23] seien hier exemplarisch als Werke zweier Psychotherapeuten mit Promotion aufgeführt, die in ihren Praxen auch schamanisch arbeiten.

---

19 Vgl. Obermaier (2018), 01'05–01'41, URL: https://www.youtube.com/watch?v=cIo X4RX86uY&t=1217s.
20 Vgl. Barve (2013), S. 1.
21 Vgl. Berufsverband BAPS – Schamanismus (2019), URL: https://www.neoschaman ismus.ch/baps-berufsverband/.
22 Thalhamer (2014), August Thalhamer, ist Dr. phil., röm-kath. Theologe, Psychotherapeut, Wirtschaftspsychologe und Stadtschamane in freier Praxis. Er befasst sich mit den Zusammenhängen zwischen christlichen, psychotherapeutischen und schamanischen Heiltraditionen.
23 Picard (2006), Winfried Picard ist Dipl. Psychologe und Psychologischer Psychotherapeut in eigener Praxis mit langjähriger Erfahrung als klinischer Psychologe in der ambulanten und stationären Psychiatrie. Er ist Fakultätsmitglied der FSS.

Walsh[24] erkannte bereits 1992, dass sich eine wachsende Zahl von Psychologen und Therapeuten schamanisch ausbilden lässt. In *Der Geist des Schamanen* zeigt er auf, dass schamanische Techniken auf handfesten psychologischen Prinzipien beruhen können und beschreibt deren Wirkungsweise anhand der modernen Psychologie.[25] Ein Grund, der zur Popularisierung schamanischer Techniken führte, ist ihre vermeintlich schnelle Erlernbarkeit, die hohe Wirksamkeit sowie die Flexibilität schamanischer Konzeptionen.[26]

Bei der Diskussion von Wirkmechanismen in Psychotherapie und Beratung spielen Hoffnung, Sinn, Intuition und Mitgefühl eine bedeutungsvolle Rolle bei Veränderungsprozessen. Ansätze, die ressourcenorientiert vorgehen und die Wirkung von Imagination und Selbstorganisation nutzen, passen nach Bentrup und Kupitz dazu.[27]

Die transpersonale Psychotherapie verbindet die moderne Psychotherapie mit der Weisheit der jahrtausendealten spirituellen Wege. Sie würdigt die Einzigartigkeit der Person genauso wie die transpersonale Perspektive, die über das Ich hinausreicht.[28]

Auch im Coaching geht es immer häufiger und immer offener um tiefe seelische Prozesse, die mit Hilfe eines Coaches bewältigt werden sollen. Das seelische Leid in der Wohlstandsgesellschaft nimmt zu und erfasst alle Schichten und Altersstufen. Assländer beantwortet in seinem Bericht *Vom Coach zum Seelsorger* die Frage, was Menschen im Coaching suchen. Immer öfter wird in Krisen eine Hilfe im Außen gesucht, die man bei den bisherigen Kontakten nicht gefunden hat. Häufig geht es um die Sinnhaftigkeit des eigenen Tuns.[29]

Bereits 1964 erfasste C.G. Jung in *Der Mensch und seine Symbole* die tiefe Sehnsucht des Menschen nach einem Sinn im Leben. Folgendes Zitat von Jung leitet die 18. Auflage ein: „Wenn man versteht und fühlt,

---

24 Roger N. Walsh ist Professor für Psychiatrie und Philosophie an der University of California. Er gehört zu den renommiertesten Schamanismusforschern der Gegenwart.

25 Vgl. Walsh (1992), S. 19.

26 Vgl. Mayer (2003), S. 11.

27 Vgl. Brentrup/Kupitz (2015), S. 38.

28 Vgl. Fischer (2003a), S. 13.

29 Vgl. Assländer (2012), S. 14 f.

dass man schon in diesem Leben an das Grenzenlose angeschlossen ist, ändern sich Wünsche und Einstellung. Letzten Endes gilt man nur wegen des Wesentlichen und wenn man das nicht hat, ist das Leben vertan."[30]

Jung betont, dass es in unserer Zeit Millionen Menschen gibt, die ihr Vertrauen zu jeder Art von Religion verloren haben und führt aus, dass die Menschen ihre Religion nicht mehr verstehen. Dieser Verlust scheint bei einem ungestörten Weiterlaufen des Lebens so gut wie unbemerkt zu bleiben, bei Leid beginnt jedoch die Suche nach einem Ausweg über das Nachdenken über den Sinn des Lebens und über seine verwirrenden und schmerzlichen Erfahrungen. Die Menschen spüren, es würde vieles leichter sein, wenn sie nur an den Sinn des Lebens, an Gott und an die Unsterblichkeit glauben könnten, jedoch hat man es dabei mit unsichtbaren und unerkennbaren Dingen zu tun. Gott geht über menschliches Begreifen hinaus und Unsterblichkeit lässt sich nicht beweisen. Jung stellt die Frage, weshalb wir uns jener Anschauungen berauben sollten, die sich in Krisenzeiten als hilfreich erweisen und unserem Dasein einen Sinn geben und woher wir wissen, dass solche Ideen nicht wahr sind, schließlich ist die 'Ablehnung' ebenso wenig zu beweisen wie die des religiösen Standpunktes.

Der Mensch braucht unbedingt Vorstellungen und Überzeugungen, die seinem Leben einen Sinn geben und ihn in die Lage versetzen für sich einen Platz im Universum zu finden. Es gebe einen triftigen empirischen Grund, weshalb Gedanken, die dabei unterstützen jedoch nicht bewiesen werden können, kultiviert werden sollten. Sie haben sich als heilsam erwiesen. Jung expliziert, dass religiöse Symbole dem menschlichen Leben eine Bedeutung geben und bringt das Beispiel der Pueblo-Indianer an, die sich für die Söhne von Vater-Sonne halten und durch diesen Glauben ihrem Leben eine Perspektive geben, die weit über ihre begrenzte Existenz hinausgeht. Er spricht von Weite für die Entfaltung ihrer Persönlichkeit und beschreibt, dass deren Lage weitaus befriedigender sei als die eines „weißen" Menschen unserer Zivilisation, dessen Leben bedeutungslos ist.[31]

---

30 S. Jung u. a. (2012), Frontseiten ohne Nummerierung.
31 Vgl. Jung (2012), 87, 89.

Mülders bezeichnet Schamanismus als das spirituelle Erbe der Menschheit und nicht als etwas, das nur Randgruppen betrifft. Schamanismus ist demnach der älteste, ursprünglichste Ausdruck von Spiritualität, den es auf allen Kontinenten zu allen Zeiten gegeben hat. Mülders wörtlich: „Wir tragen dieses Erbe in uns, einfach weil wir Menschen sind."[32]

Schamanismus bedient durch seine Zeremonien, Rituale und die Verbindung mit einer „göttlichen Quelle" tiefe Sehnsüchte im Menschen. Bei der schamanischen Arbeit steht der Mensch in seiner Ganzheit im Mittelpunkt. Er wird mit all seinen Ressourcen, seinen vielen Schichten, Körpern, Anteilen sowie mit Herz, Verstand und Seele wahrgenommen.[33]

In der schamanischen Praxis wird eine Welt angesteuert, die sich jenseits des westlich geprägten Verstandes befindet. Diese Welt jenseits der Alltäglichen Wirklichkeit wird im Schamanismus häufig als „Anderswelt" bezeichnet.[34] Schamanen oder schamanische Praktiker, wie sie nach dem Ansatz von Michael Harner ausgebildet werden, bedienen sich der schamanischen Reise, die durch eine Bewusstseinsveränderung initiiert wird, um in diese „Anderswelt" zu gelangen. Ingerman stellt die schamanische Reise als das zentrale Element aller schamanischen Kulturen, unabhängig vom geografischen, zeitlichen oder kulturellen Umfeld dar.[35] Mit Jenseits ist all das gemeint, was nicht unserer Alltäglichen Wirklichkeit zugehört und dennoch irgendwo irgendwie obwaltet.[36]

> Hypothese: Aufgrund der Feststellung, dass Menschen in Coachings und Beratungen Antworten auf ihre eigenen Sinnfragen suchen, entsteht die Annahme, dass es gewinnbringend sein kann, Spiritualität durch schamanische Elemente in Beratungsprozesse zu

---

32 Vgl. Mülders (2013), 1'55–2'15, URL: https://www.youtube.com/watch?v=WTscE -QtKTo&t=13s, siehe Anhang 4.

33 Obermaier (2019), URL: https://www.laramarieobermaier.com/fieldhealing-blo ck-ausbildung/fieldhealing-ausbildungsinhalt/. Nichtveröffentlichte Ausbildungsinhalte, die der Autorin durch Teilnahme an der Ausbildung zugänglich wurden.

34 Beschrieben u. a. in Lüpke (2008e), S. 89.

35 Vgl. Ingerman (2011), S. 8.

36 Vgl. Hasslinger (2014), S. 57.

integrieren. Diese Hypothese soll innerhalb der Arbeit überprüft werden.

Die Integrationsbedingungen schamanischer Elemente in Beratungsprozessen wurden bisher nicht untersucht. Darüber hinaus ist nicht geklärt, welche Voraussetzungen für solch einen Transfer gegeben sein müssen, welche Chancen, Risiken oder Gefahren dadurch entstehen können und welche Art von Adaption erfolgen müsste. Aus den bisherigen Ausführungen ergibt sich der Gegenstand einer Wissenslücke.

Die folgende Frage soll daher im Fokus dieser Arbeit stehen: Wie lassen sich indigene Traditionen des Schamanismus sinnhaft in Beratungsprozesse transferieren und adaptieren?

Detailfragen, die sich daraus ergeben:

- Was sind indigene Traditionen des Schamanismus?
- Welche Charakteristika weist Schamanismus auf?
- Wodurch unterscheidet sich die schamanische von der westlichen Weltsicht?
- Welche Standards und Wirkfaktoren sind für Beratungssettings definiert?
- Welche Parallelen und Unterschiede bestehen zwischen schamanischen und westlichen Ansätzen?
- Welche Rolle nimmt der Coach als schamanisch Praktizierender ein?
- Welche Chancen, Risiken und Gefahren können entstehen?
- Welche Integrationsbedingungen spielen für den Transfer eine Rolle?
- Welche Ansätze zur Adaption können entwickelt werden?

Durch diese Masterthesis soll eine Grundlage geschaffen werden, die die offenen Fragen beantwortet und Empfehlungen zum Umgang mit schamanischen Elementen in Coaching und Beratung liefert, da die Anwendung dieser Techniken eine klare und integre Ausrichtung erfordert.[37]

---

37 Vgl. Obermaier (2013), 7'00–8'08, URL: https://www.youtube.com/watch?v=FglD OeetN-0.

1.2 Ziele der Arbeit

Der zu erforschende Gegenstand ist der Schamanismus in westlichen Beratungsprozessen. Aufgrund der bisher wenig wissenschaftlichen Betrachtung des Schamanismus in Beratungssettings ist das Thema für die Beratungsforschung als betrachtungswürdig anzusehen.

– Das Ziel der Arbeit sind zum einen Erkenntnisse der Charakteristika indigener Traditionen des Schamanismus und

– zum anderen Erkenntnisse über die Eignung schamanischer Elemente in Beratungsprozessen sowie die Entwicklung von Ansätzen zu Transfer und Adaption.

In Bezug auf die Charakteristika des Schamanismus soll herausgearbeitet werden, welche Kernelemente, Techniken, Rituale, Zeremonien, Prozesse und Schwerpunkte sich in allen schamanischen Traditionen finden. Dabei soll die schamanische Reise im Fokus der Analyse stehen.

In Bezug auf die Eignung des Transfers schamanischer Elemente in Beratungsprozesse sollen die grundlegenden Unterschiede zwischen klassischen Ansätzen und schamanischen Techniken eruiert werden. Es soll herausgefunden werden, ob sich eine fundierte Grundlage schaffen lässt, die ein praktisches Vorgehen mit schamanischen Techniken in Beratungsprozessen theoretisch begründen kann.

Das Ergebnis ist ein Fazit einer wissenschaftlichen Analyse, ob bzw. unter welchen Bedingungen indigene Traditionen des Schamanismus in Beratungssettings integrierbar und auf westliche Bedürfnisse adaptierbar sind.

1.3 Schamanismusforschung

Eine Vielzahl wissenschaftlicher Publikationen zum Thema Schamanismus finden sich über die Foundation for Shamanic Studies (FSS), einer nicht gewinnorientierten Vereinigung, die sich der Erhaltung, Erforschung und Weitergabe schamanischen Wissens widmet.[38]

---

38 Foundation for Shamanic Studies Europe (2019), URL: https://www.shamanicstudies.net/.

Begründer der internationalen Vereinigung ist Dr. Michael Harner, der 2018 verstarb. Er gilt als einer der weltweit renommiertesten Experten zum Thema Schamanismus.

Auf der Website der europäischen Sektion sind mehr als 30 Profile der Fakultätsmitglieder dargestellt, die sich den genannten Stiftungszielen widmen.[39]

Die Werke *Schamanismus heute*[40] sowie *Schamanismus und Wissenschaft*[41], beinhalten aktuelle Berichte aus Forschung und Praxis. Die Autoren der einzelnen Beiträge sind langjährig erfahrene schamanische Praktiker und Fakultätsmitglieder der FSS. Sie haben Themen gewählt, die sie persönlich interessieren und zu denen sie vertiefende Erkenntnisse gesammelt haben. Dr. Susanne Marx hat die Essenz des Core-Schamanismus in einem praktischen Grundlagenwerk[42] sowie in zahlreichen Videos auf YouTube[43] zusammengetragen und verständlich aufbereitet.

Das Institut für Ganzheitsmedizin e.V.[44] ist eine wissenschaftlich anerkannte gemeinnützige Organisation und veranstaltet jährlich den Weltkongress der Ganzheitsmedizin mit wechselnden thematischen Schwerpunkten. Im Jahre 2000 wurde der Kongress dem Schamanismus im neuen Jahrtausend gewidmet und trug wie das gleichnamige Buch den Titel *Wanderer zwischen den Welten*.[45] Über das Institut findet sich eine ethnologische Betrachtung zum Thema Schamanismus. Die Berichte zahlreicher Forscher wurden im *Handbuch der Ethnotherapien*[46] zusammengefasst.

Eine Feldstudie zu Schamanismus in Deutschland wurde von Mayer durchgeführt. Zum einen sollte ein genaues Bild von der als heterogen vermuteten Schamanismus-Szene entstehen, zum anderen wurden

---

39 Foundation for Shamanic Studies Europe (2019), URL: https://www.shamanicstudies.net/fakultaet/.
40 Picard/Wohlfarter (2014).
41 Urban/Hirsch (2016).
42 Marx (2010).
43 Marx (2015), URL: https://www.youtube.com/watch?v=ua3f9Jo9Fec.
44 Institut für Ganzheitsmedizin e.V. (2019), URL: https://institut-ganzheitsmedizin.de/index.html.
45 Arbeitsgemeinschaft Ethnomedizin u. a. (2000).
46 Gottschalk-Batschkus/Green Joy C. (2002).

Schamanen bzw. Neo-Schamanen befragt, die als Anbieter von Workshops und Seminaren in Erscheinung treten. Die Erkenntnisse der umfangreichen Feldstudie wurden in *Schamanismus in Deutschl*and im Jahre 2003 im Auftrag des Institutes für Grenzgebiet der Psychologie und Psychohygiene e.v. herausgegeben und liefern einen Einblick in Konzepte, Praktiken und Erfahrungen im deutschsprachigen Raum.[47]

Künzel untersuchte die krisenhaften Phänomene, die mit der Berufung zum Schamanen einhergehen und häufig als „Schamanenkrankheit" bezeichnet werden bei schamanischen Praktikern im westlichen Zivilisationskreis. Das Buch *Schamanische Entwicklungswege*[48] zeigt anhand 20 qualitativer Interviews Unterschiede und Gemeinsamkeiten zwischen schamanisch Praktizierenden aus Deutschland und Schamanen aus indigenen Kulturen auf.

1.4 Beschreibung der Vorgehensweise

Diese Arbeit soll einen wissenschaftlichen Standpunkt zum Thema Schamanismus aufzeigen, sowie Eindrücke praktischen schamanischen Tuns vermitteln, wie es sich auch in unseren Breiten entfalten kann.[49]

Die Integration schamanischer Elemente soll sich auf Beratungsprozesse beziehen. Eine qualitative Erhebung in Form von Experteninterviews scheiterte zunächst an der Gegebenheit, dass schamanische Praktiker häufig keinen wissenschaftlichen Hintergrund mitbringen, der fundierte Kenntnisse zur Beratungstätigkeit einschließt. Berater und Coaches wiederum sind in der Regel nicht schamanisch ausgebildet, woraus sich ein Mangel an Experten ergibt, die zu dieser spezifischen Fragestellung Auskunft erteilen könnten. Im Verlauf der Arbeit konnten allerdings zwei Experten gewonnen werden, die durch ihre Profession und ihre Expertise wertvolle Informationen beisteuern konnten. Eine quantitative Umfrage, die Klienten nach Erfahrungswerten in Bezug auf schamanisches Erleben befragt, erschien nicht

---

47 Mayer (2003).
48 Künzel (2018).
49 In Anlehnung an Picard/Wohlfarter (2014), S. 9.

zielführend für die Beantwortung der Fragestellung, da sich diese mit der Gestaltung von Beratungsprozessen beschäftigt und sich daher an Berater und Coaches richtet.

Die Untersuchung wurde mit einer systematischen Recherche und Auswertung von relevanten wissenschaftlichen Literaturquellen begonnen. Die Datenquellen wurde danach bewertet und priorisiert, in wie weit sie zur Beantwortung der Leitfrage sowie den Unterfragen beitrugen.

Die strukturelle Gliederung der Thesis weist zwei Schwerpunkte auf. Sie untergliedert sich in die Abhandlung der Charakteristika sowie in die Entwicklung von Integrationsansätzen. Zu den Charakteristika von Schamanismus wurden Informationen in Form von Text-Aussagen sowie Darstellungen aus Literatur, Studien, aus Medien wie Youtube-Quellen und Dokumentarfilmen aufbereitet. In Bezug auf Transfer und Adaption schamanischer Elemente wurde mittels Literatur- und Medienanalyse sowie der Auswertung der Experteninterviews ein Raster entwickelt, das Ansätze und Empfehlungen zu der Integration schamanischer Elemente in Beratungsprozesse liefert.

Im zweiten Kapitel werden die Spuren der Ursprünge betrachtet. Im Rahmen der theoretischen Einführung wird erläutert, was unter indigenen Traditionen verstanden wird. Ausgewählte Beispiele illustrieren die weltweit unterschiedlichen Traditionen und führen anschaulich in die Thematik ein. Alle schamanischen Traditionen weisen verbindende Elemente auf, die zum Ende des zweiten Kapitels vorgestellt werden.

Im dritten Kapitel wird die andere Wirklichkeit des Schamanismus samt seiner Entwicklungsgeschichte vorgestellt. Zentrale Begrifflichkeiten werden definiert wozu auch die Figur des Schamanen und seine Tätigkeitsfelder gehören.

Die schamanische Karte wird in Kapitel vier erforscht. Die zentrale Frage lautet, wodurch sich die schamanische von der westlichen Weltsicht unterscheidet. Die Reise führt durch die schamanischen Räume, die in die Obere, die Mittlere und die Untere Welt unterteilt sind. Was unter einem heiligen Raum verstanden wird und wie dieser geschaffen werden kann, wird ebenfalls skizziert.

Kapitel fünf nähert sich der Betrachtung des Schamanismus in der westlichen Welt. Folgende Fragen werden beantwortet: Welche wissenschaftlichen Erkenntnisse sind bedeutsam? Wie hält das alte Wissen Einzug in die moderne Welt? Was haben die kritischen Stimmen zu sagen und welche Argumente sprechen für den Schamanismus in Beratung und Therapie?

Der Gang der Untersuchung wird im sechsten Kapitel beschrieben. Hierzu gehört die Vorgehensweise innerhalb dieser Masterthesis samt der Begründung der Methodenwahl. Die Analysen der Experteninterviews finden sich ebenfalls in diesem Kapitel.

Die Ergebnisse der Analyse werden in Kapitel sieben aufbereitet. Es erfolgt eine komprimierte Zusammenfassung der Charakteristika des Schamanismus. Des Weiteren werden hier die umfangreichen Empfehlungen zur Integration schamanischer Elemente in westliche Beratungsprozesse präsentiert sowie die Forschungsfrage beantwortet.

Kapitel acht schließt mit einem Fazit der wissenschaftlichen Analyse, einem Ausblick und einer persönlichen Interpretation der Autorin.

2 Auf den Spuren der Ursprünge

Der Schwerpunkt dieser Arbeit liegt auf der Beantwortung der Leitfrage, inwieweit schamanische Techniken in westliche Beratungsprozesse transferiert werden können. Die Ausführungen zu indigenen Traditionen werden so anschaulich und komprimiert aufbereitet, als dass sie für das weitere Verständnis erforderlich sind.

2.1 Indigene Völker

Im Jahr 2007 verabschiedete die UN-Generalversammlung, nach mehr als 20 Jahren, die viel diskutierte Erklärung über die Rechte der indigenen Völker, die auf der Website der Deutschen Gesellschaft für die Vereinten Nationen e.v. zum Download bereit steht.[50] Mitunter Gründe für die Schwierigkeiten in der Rechtssetzung waren die Definition der Rechtsträger und der Komplexität indigener Lebensmuster. Der Prozess erforderte Bemühungen der Klärung des Begriffs „indigenes Volk", was kein leichtes Unterfangen war.[51]

Eine übersichtliche Definition ist auf der Website des Klima-Bündnisses europäischer Städte mit indigenen Völkern[52], zu finden. Demnach hat sich die Bezeichnung indigene Völker erst in den 1980er Jahren herausgebildet und stellt heute die international anerkannteste Bezeichnung dar. „Indigen" bedeutet so viel wie „in ein Land geboren", was den besonderen Bezug aller indigenen Völker zur Natur und ihrer

---

50 Deutsche Gesellschaft für die Vereinten Nationen e.V. (2009), URL: https://dgvn.de /veroeffentlichungen/publikation/einzel/rechte-indigener-voelker/.

51 Vgl. Titze (2007), URL: https://zeitschrift-vereinte-nationen.de/fileadmin/publicat ions/PDFs/Zeitschrift_VN/VN_2007/Heft_5_2007/03_titze_aufsatz_5-07_4-10-2 007_li.pdf.

52 Klima-Bündnis der europäischen Städte mit indigenen Völkern der Regenwälder / Alianza del Clima e.V. (2019), URL: http://www.indigene.de/76.html?&L=1. Die nachfolgenden Informationen zu indigenen Völkern entstammen dieser Quelle.

Umwelt ausdrücken soll. Indigene Völker eines Landes wurden früher als "Eingeborene", "Ureinwohner" oder "Naturvölker" bezeichnet. Diese Begriffe spiegeln jedoch nicht die Lebensweise der indigenen Völker wider und sind daher als „falsch" zu bezeichnen. Diese Begriffe enthalten außerdem eine negative Konnotation, die eine primitive und unterentwickelte Lebensweise assoziiert.

Tabelle 1: Indigene Völker

Quelle: Klima-Bündnis europäischer Städte mit indigenen Völkern[53]

Per Definition[54] sind Indigene Völker:
– Nachfahren der Erstbesiedler einer Region,
– im geschichtlichen Verlauf von anderen Völkern kolonisiert und aus ihrem angestammten Siedlungsgebiet vertrieben worden,
– politisch, wirtschaftlich und sozial marginalisiert (Existenz am Rande der nationalen Gesellschaft),
– von der nationalen Gesellschaft bezüglich ihrer Selbstidentifikation sowie ihrer sprachlichen, ethnischen, kulturellen, sozialen und wirtschaftlichen Andersartigkeit zu unterscheiden.
Zu indigenen Völkern zählen u.a.:
– zahlreiche nordamerikanische Indianer (z.B. Cheyenne, Cree, Shoshonen),
– die Maori (Neuseeland),
– die Aborigines (Australien),
– die Saami (Norwegen, Schweden, Finnland),
– die Inuit (Kanada, Grönland, Alaska),
– die !Kung der Kalahari
– die Tuareg (Sahara-Staaten)
– die Mbuti (DR Kongo)
– die U'wa (Kolumbien)
– die Yanomami, Tukuna, Uruku, Timbira und Krahó (Brasilien)
– die Iban und Penan (Malaysia)
– die Piaroa, Warao, Yukpa, Yanomami (Venezuela)
– die Aeta und Igorot (Philippinen)
– die Bergvölker der südostasiatischen Gebirge (Kambodscha, Laos, Myanmar, Thailand, Vietnam)
– ein Großteil der Bevölkerung der pazifischen Inseln
– die Ainu (Japan)
– die Tschuktschen, Jukagiren, Negidalzen (Sibirien)

Weltweit werden ca. 5.000 indigene Völker unterschieden, deren Angehörige sich auf etwa 450 Millionen Menschen belaufen. Der Begriff „Völker" impliziert bezüglich der Charta der Vereinten Nationen völkerrechtliche Ansprüche, was einige Staaten ablehnen und daher den

---

53 Klima-Bündnis der europäischen Städte mit indigenen Völkern der Regenwälder / Alianza del Clima e.V. (2019), URL: http://www.indigene.de/76.html?&L=1.
54 Nach Kraas Frauke (2002) auf Klima-Bündnis der europäischen Städte mit indigenen Völkern der Regenwälder / Alianza del Clima e.V. (2019), Originalquelle nicht auffindbar.

Begriff „Bevölkerung" vorziehen. Die Konvention über Biologische Vielfalt (CBD) klammert beide Begriffe aus und greift auf den unvorbelasteten Begriff der „Gemeinschaft" zurück. Trotz ihrer unterschiedlichen Kultur eint alle indigenen Völker zumeist der besondere Bezug und Umgang mit der Natur.

Nachfolgende Bilder zeigen links ein Zelt der Inuit in Grönland und rechts einen peruanischen Schamanen in traditioneller Tracht.

Abbildung 1: Indigene Völker

Quelle: lizenzfreie Bilder auf Pixabay[55]

2.2 Verbreitung und Traditionen des Schamanismus

Es besteht keine Einigkeit darüber wie und unter welchen Bedingungen sich der Schamanismus entwickelt hat. Über die Uneinigkeit der Entstehungsgeschichte zitiert Brave mehrere Autoren, die die Ur-Anfänge des Schamanismus bis zu 30.000 Jahre zurückdatieren, manche Forscher sehen den Ursprung gar 50.000 bis 60.000 Jahre zurückliegen. Außerdem zeigt Brave die Diskussion auf, ob Schamanismus dezentral an verschiedenen Stellen der Erde gleichzeitig entstanden ist, oder ob er sich zentral formiert und von einer Stelle ausgebreitet hat.[56]

---

55 Pixabay (2019), URL: https://pixabay.com/de/.
56 Barve (2013), S. 13.

Vajda leitet auf Grund verstreuter Hinweise in der ethnologischen Literatur die Annahme ab, Schamanismus könne in irgendeiner Form in allen fünf Erdteilen nachgewiesen werden.[57]

Der US-Amerikanische Schamanismus-Forscher sowie Professor für Psychiatrie und Philosophie Roger Walsh schreibt über die Ursprünge des Schamanismus: „Wo und wann er auch entstanden sein mag, der Schamanismus hat sich jedenfalls rasch über die Erde ausgebreitet. Man findet ihn heute in so weit auseinanderliegenden Weltgegenden wie Sibirien, Nord- und Südamerika und Australien, und in den meisten Teilen der Welt soll er irgendwann einmal existiert haben. Die frappierenden Ähnlichkeiten schamanischer Praxis in ganz unterschiedlichen geographischen Räumen werfen die Frage auf, wie sich diese Ähnlichkeiten entwickelt haben. Eine Möglichkeit ist, daß die Ähnlichkeiten sich durch Wanderung, durch Weitergabe von einem gemeinsamen Ursprungsort aus, herausgebildet haben."[58]

Die Verbreitung des Schamanismus wird im Handbuch für Ethnotherapien weiter expliziert.

Tabelle 2: Verbreitung des Schamanismus

Quelle: Eigene Darstellung; zitiert aus Müller-Ebeling in Handbuch für Ethnotherapien[59]

Verbreitung des Schamanismus
– In Asien und Südamerika ist der Schamanismus bis heute lebendig.
– In Nepal und Sibirien sind beide Geschlechter aktiv, in Korea ist der Schamanismus ausschließlich Frauen-, im Amazonas Männersache.
– In Nepal, Ladakh und (eingeschränkt) in der Mongolei arbeiten Heiler zusammen und unterstützen sich gegenseitig bei aufwendigen Heilzeremonien. Die Heilarbeit ist an den Fähigkeiten der Heiler ausgerichtet – eine Hierarchie existiert nicht.
– In Korea und im Amazonasgebiet ist die Heiltechnik kämpferisch und wettbewerbsorientiert. Die Heiler kämpfen sowohl in der materiellen als auch in der unsichtbaren Welt um Macht und Einfluss.

Gegenstand dieser Arbeit ist keine ethnologische oder anthropologische Auseinandersetzung. Diese Thesis richtet sich an im Westen tätige Berater und Coaches. Daher wird Wissen analysiert, das aus den indigenen Kulturen überliefert und sich in westlichen Quellen wieder-

---

57 Vgl. Vajda (1999), S. 146 zitiert aus Eliade (1957).
58 S. Walsh (1992), S. 25, 26.
59 Vgl. Müller-Ebeling (2002), S. 14.

findet, da dies schlichtweg die verfügbaren Zugänge sind. Die Streitde-batten darüber, ob dies „Plastikschamanismus"[60] entspricht oder nicht, kann im Rahmen dieser Arbeit nicht eruiert werden.

Die Leitfrage dieser Arbeit beschäftigt sich damit, ob schamanische Traditionen indigener Völker in westliche Beratungsformate transfe-riert werden können, daher muss zunächst geklärt werden, was scha-manische Traditionen überhaupt sind.

Die obigen Ausführungen zu Anzahl und Verbreitung der indigenen Kulturen lassen darauf schließen, welche Vielfalt an schamanischen Traditionen auf dem Globus vorherrschen mag.

Vor allen Dingen weil der Schamanismus eine so alte Überlieferung ist, die sich in einer enormen Vielzahl von Facetten entwickelt hat, ist die Abbildung der Traditionen ein fast unmögliches Unterfangen. Der promovierte Ethnologe Gesko von Lüpke vermutet außerdem, dass der klassische Schamanismus, wie er in isolierten indigenen Kulturen existiert hat, aufgrund der Tatsache, dass es heute kaum mehr indigene Kulturen gibt, die ohne Kontakt zur modernen Welt existieren, fast verschwunden sein mag. In seinem *Werk Altes Wissen für eine neue Zeit* hat er Gespräche mit Schamanen und Heilern aus fünfzehn Län-dern aufbereitet, die alle mit einem Fuß in der modernen Welt und mit dem anderen Fuß in ihrer indigenen Tradition verwurzelt sind.[61]

Um einen Kurz-Überblick zu ermöglichen wurden zentrale Inhalte aus den umfangreichen Lübke'schen Interviews gefiltert, stark gekürzt, geclustert und systematisiert. Nachfolgend werden exemplarisch vier Traditionen skizziert.

2.2.1 Inuit-Schamane in Grönland

Kultur & Rang: Die Inuit in Grönland sind eine der entlegensten Kulturen der Welt. In dem Bericht, *Das Eis in den Herzen schmel-*

---

60 Vgl. Uccusic (2001), S. 216 f. Uccusic schreibt, dass die Soziologen Gugenberger und Schweidlenka von "Plastikmedizinmännern" sprechen, wenn Europäer die Spiritualität zumeist nordamerikanischer Indianer vermarkten.
61 Vgl. Lüpke (2008a), S. 12 ff.

zen[62], spricht ein Inuit-Schamane, über seine Abstammung von den „Anagakkuqs", einer langen Reihe von traditionellen Heilern, die als große spirituelle Führer, als Älteste und „Medizinmänner" gelten. Der „Anagakkuq" habe nach neunundfünfzig Jahren Ausbildung auf einem heiligen Berg seine letzte Initiation durchlaufen, auf die er von Geburt an vorbereitet wurde. Bei den Inuit ist es die höchste Auszeichnung, während der körperlichen Existenz, als „Anagakkuq" angesehen zu werden. Die Träger der Trommel kennen die Heilungswege für die Erde, das Meer und die Luft sowie für die Seele und den Geist, den Spirit.

Übermittlung der Tradition: Die Inuit-Kultur wurde in Worten übermittelt, schriftliche Aufzeichnungen gibt es nicht. Die Überlieferung gleicht daher einer „oralen Tradition", was bedeutet, dass die Hauptprämisse im Zuhören besteht. Die Aspekte der Tradition wurden in einer Vielzahl von immer wiederkehrenden Geschichten übermittelt, die durch ihre mündliche Überlieferung auch die soziale Gemeinschaft zusammengehalten hat.

Gesellschaftsstruktur: Die Großmütter treffen in der matriarchalen Gesellschaft der Eskimos die Entscheidungen. Weil die Frauen die Kinder zur Welt bringen, ziehen sie auch die gesamte Gesellschaft auf und tragen somit die Verantwortung der Zukunft. Großmütter lehren ihre Enkelkinder, dass das Leben selbst eine große Zeremonie sei, das keinem leeren Ritual gleichen soll.

Selbstverständnis des Volkes: Die Inuits hoch oben im Norden sagen, sie kämen von der „Spitze der Welt". Der Himalaja hingegen sei das „Dach der Welt" aber nur von der Spitze aus könne man die Krümmung der Erde wahrnehmen. Wer dort auf einem Berg stehe könne in der kristallklaren Umgebung mit eigenen Augen vierhundertundfünfzig Kilometer weit sehen und wenn er sich umdrehe überblicke er eine Weite von insgesamt neunhundert Kilometern. Dieser äußere Rahmen gleiche auch den inneren Horizonten der Inuits und gehe mit der Offenheit einher, die damit gemeint sei, wenn sie sagen: „Wir kommen von der Spitze der Welt."

---

62 Lüpke (2008b).

2.2.2 Inka-Schamane in Peru

<u>Kultur:</u> Die Vertreter der Kamasca-Tradition am Nordrand der peruanischen Anden sind der festen Überzeugung, dass nichts außerhalb, sondern das gesamte Universum „in" einem selbst existiere. Durch die schamanischen Lehren und Traditionen sowie die persönlichen Initiationen und Wandlungsprozesse des Inka-Schamanen habe sich ihm das schamanische Universum als innere Wesenheit offenbart, wodurch jede Realität aus dem eigenen universellen Selbst entstehe.

<u>Beziehungsstruktur:</u> Der Bericht *Uralte Traditionen im Licht des modernen Denkens*[63] befasst sich damit, dass es in diesem schamanischen Universum eigentlich nur um „Beziehung" gehe. Das sei der Grund dafür, weshalb man von allen schamanisch Praktizierenden immer wieder höre: „Ich ehre alle meine Verwandten!" Diese Bezogenheit reiche von profanen Plastikkanistern bis zur Supernova im Kosmos, denn aus dieser Sicht ist alles Teil desselben Kontinuums des Seins.

<u>Heiliger Raum:</u> Die vier Himmelsrichtungen bilden die Basis eines größeren schamanischen Archetyps. Die „Pachakuti-Mesa" oder der „zentrale Altar" des Inka-Schamanen reflektiert den großen Makrokosmos in einem mikrokosmischen Spiegel. Es gehe darum, eine Verbindung mit dem Kosmos herzustellen. Durch die richtigen Anrufungen und rituellen Handlungen kann der Schamane die universellen Kräfte in zeremonielle Gegenstände auf den Altar und in die „Mesada" rufen, wodurch der Heiler tiefe psychische, emotionale und körperliche Wandlungsprozesse anstoßen kann.

<u>Rituale und Zeremonien:</u> In der Tradition der südamerikanischen Curanderismo ist das Ritual unverzichtbarer Gegenstand, bevor sich Tore zu einer archetypischen Anderswelt öffnen. Die vier Schritte zu einem ernsthaften Ritual seien: Vorbereitung, Auswahl, Orchestrierung und Timing. „Vorbereitung" kann Visionssuche, Fasten, sexuelle Enthaltsamkeit oder andere Übungen der Selbstdisziplin und Wahrnehmungsschärfung meinen. „Auswahl" kann das Suchen des Ritualplatzes, bewusstes Träumen, schamanisches Reisen, das Anrufen der Verbündeten aus der Anderswelt sowie das Zusammenstellen der

---

63 Lüpke (2008e).

rituellen Objekte sein. Die zeitliche Abstimmung sei das eigentlich Wesentliche und verlange Geduld. Wenn sich all das, wie Perlen in der richtigen Reihenfolge kombiniert, geschieht das, was die Inka-Schamanen „gute Medizin" nennen. Das Ritual wird dann zu einer Brücke zwischen den beiden Welten.

2.2.3 Amazonas-Schamane und Pflanzen-Heiler in Peru

Kultur & Rang: Die *Curanderos* des Amazonastieflandes sind nicht nur Heiler, sondern können auch Therapeuten, Familienberater oder Ärzte sein. In dem Bericht *Der Regenmacher der Seele*[64] wird deutlich, dass die Amazonas-Schamanen Menschen in körperlichen und seelischen Notlagen durch den Einsatz spiritueller Heilgesänge, heiliger Pflanzen, Tabaks, Essenzen aus Blumen oder nur durch geistig-spirituelle Kräfte erfolgreich zu helfen vermögen. In Peru gibt es „*Ayahuasceros*", die mit der psychedelischen Substanz des Ayahuasca arbeiten. Es gibt Schamanen, die mit Bäumen arbeiten. Andere arbeiten mit Gerüchen und wieder andere mit Tabak. In der Hierarchie der Heiler Amazoniens gilt der Baum-Schamane als der Ranghöchste. Dieser hat sein spirituelles Medizinwissen vom Geist der großen Bäume im Urwald.

Übermittlung des Wissens: Die Lehrzeit der Baum-Schamanen ist von strengen Diäten und Fastenzeiten begleitet. Die Tradition untersagt darüber hinaus, menschliche Kontakte und Feuer über einen Zeitraum von mindestens zwölf Monaten. Dies sei nötig, um das Wissen von den Bäumen und über die Heilpflanzen zu erlangen. Zu diesen Lehr-Zeiten, die von Einsamkeit, Fasten und einer Reihe von Prüfungen begleitet werden, ziehen sich die Schamanen in den tiefen Urwald zurück. Das Heilwissen von den Pflanzen komme über einen „Meister", der im Traum erscheine und Unterricht mit einem abhalte. Die eigentlichen Lehrer aber seien die Pflanzengeister. Der Urwald mit all seinen Wesen würde dabei zu einem Tempel und buchstäblich zu einer Universität, die sich wie ein großes „Klassenzimmer" in der geistigen Welt zeigen könne.

---

64 Lüpke (2008c).

2.2.4 Tanz-Schamanin in Korea

<u>Kultur & Weltbild:</u> In dem Bericht *Die verwundete Heilerin*[65] werden die Anfänge des Schamanismus mit der bewussten Erfahrung des Todes in Verbindung gebracht. Aus der Sehnsucht der Menschen, mit den Ahnen zu sprechen, entstand die Vorstellung verschiedener Welten, die nebeneinander existieren. Schamanismus begann mit dem Versuch den Tod, Krankheiten oder andere Krisen zu bewältigen. In Asien seien dies auch Regen oder Dürre zur falschen Zeit. Daraus entstanden Zeremonien, die dazu dienten, Regen, Heilung, Harmonisierung – oder was auch immer gebraucht wurde – anzurufen. Schamanismus wird von der Tanzschamanin als die „Mutter aller Religionen" bezeichnet. Er basiere nicht auf philosophischen, intellektuellen oder theologischen Gedanken, sondern auf existentiellen Grundlagen. Vielmehr entstand er aus dem Raum des Gestaltlosen, des Ursprünglichen, des Ungeborenen. Der Mensch habe gelitten und in Zeiten der Krisen nach Hilfe gesucht. Die großen Religionen haben Theologie daraus gemacht, die im Schamanismus nicht existiere. Im schamanischen Weltbild gebe es nur die unmittelbare Begegnung und die Kommunikation mit den unsichtbaren Welten. Das Ursprungsmotiv in all den vielfältigen Traditionen sei einheitlich immer die Verbesserung des menschlichen Lebens.

<u>Tradition und Funktion:</u> Die weiblichen Schamanen werden in Korea „Mudang" genannt. Sie fungierten in der alten Kultur als Vermittlerinnen zu den anderen Ebenen der Wirklichkeit. Eine „Mudang" habe viele Rollen und Aufgaben. Sie sei Seherin, Ritual-Spezialistin, Dichterin, Musikerin und Tänzerin. In der alten Kultur habe sie Teufel und Dämonen ausgetrieben, heilte Kranke oder führte Zeremonien zur Änderung des Wetters durch.

<u>Heiltradition:</u> Eine akute Krise des Menschen zeige fest verschlossene Türen. Die koreanischen Schamanengesänge und Tänze öffnen diese Türen wieder. Der schamanische Heilungsprozess bestehe drin, das Dunkle ins Helle zu bringen. Das Ritual sei eine Form des heiligen Theaters, in dem Reinigung vollzogen wird. Durch das Singen oder

---

65 Lüpke (2008d).

Tanzen werden die universellen Energien eingeladen und damit kann eine Krise, eine geschlossene Situation gelöst werden.

Eine Zusammenfassung der illustrierten Phänomene findet sich in *Wanderer zwischen den Welten* in folgenden Worten: „So verschieden die Geschichten über den Schamanismus aller Kulturen sind, so vielfältig zeigt er seine Gesichter, und doch, was sich wie ein roter Faden durch diese ganzen Ausdrucksformen zieht, ist die ungeheure Wirkungskraft, die schamanisches Heilen auf die Menschen und das Leben der jeweiligen Kultur ausübt."[66]

2.3 Verbindende Elemente schamanischer Traditionen

Unabhängig ihrer Tradition und den vielfältigen Ausprägungsformen der verschiedenen kulturellen Strömungen teilen Schamanen gewisse Haltungen bzw. Erkenntnisse miteinander von denen sie ausgehen. Das Verbindende aller schamanischen Traditionen wurde aus einem Vortrag der Schamanismus Expertin Fe San Mülders abgeleitet, wonach sich drei wesentliche Merkmale herauskristallisieren.

Bei den Naturvölkern ist Natur und Seele eins. Der Mensch findet seine Seele in der Natur, er ist Teil der Natur. Die Seele des Menschen wird im Körper wirklich; sie ist unmittelbar verbunden mit der Seele des Baumes, des Berges oder des Flusses. Für den Schamanen sind alle Lebewesen Verwandte und auf derselben Stufe. Alles ist beseelt. Alle Bäume, Tiere, Pflanzen, Gewässer oder Plätze, sind durchströmt von derselben universellen Lebenskraft.[67]

---

66 S. Arbeitsgemeinschaft Ethnomedizin u. a. (2000), S. 6.
67 Vgl. Zumstein (2003), S. 180 f.

Tabelle 3: Verbindende Elemente schamanischer Traditionen

Quelle: eigene Darstellung; Ableitung der Kategorien nach Mülders[68]

Verbindung zu Natur und Erde[69]	Bewusste Begegnung mit der geistigen Welt[70]	Dienender Schamanismus[71]
– Natur beseelt – Alle (Heil-)Informationen in der Natur angelegt – Erde wird als lebendiges Wesen wahrgenommen	– Existenz geistiger Begleiter aus eigenen spirituellen Familien – Existenz hoher Lichtwesen und Meister – Annahme, dass Geistwesen jenseits des polaren Denkens Informationen geben, den rechten Weg weisen – Kultivierung des Kontaktes zur geistigen Welt	– Begleitung und Führung von Menschen – Beitrag zu positiver Entwicklung – Tiefes Einlassen des Schamanen – Kontaktaufnahme mit der Seele – Annahme, Erkennen und Finden eines göttlichen Plans / Weges – Lösungen sollen im Einklang mit Einzelperson, Gesellschaft und Welt stehen

Schamanismus ist nach Zumstein eine „Erlebniswissenschaft". Die schamanische Naturverbundenheit kommt seiner Ansicht nach in einem Gedicht trefflich zum Ausdruck, weshalb es illustriert wird.

Tabelle 4: Gedicht Leben lernen

Quelle: eigene Darstellung; wörtlich übernommen von Latendorf Ute[72]

Leben lernen
Von der Sonne lernen zu wärmen, von den Wolken lernen, leicht zu schweben, vom Wind lernen, Anstöße zu geben, von den Vögeln lernen, Höhe zu gewinnen, von den Bäumen lernen, standhaft zu sein. Von den Blumen das Leuchten lernen, von den Steinen das Bleiben lernen, von den Büschen im Frühling Erneuerung lernen, von den Blättern im Herbst das Fallenlassen lernen, vom Sturm die Leidenschaft lernen.

---

68 Mülders (2013), URL: https://www.youtube.com/watch?v=WTscE-QtKTo&t=13s.

69 Vgl. Mülders (2013), 6'52–8,54, URL: https://www.youtube.com/watch?v=WTscE-QtKTo&t=13s.

70 Vgl. Mülders (2013), 9'00–11'05, URL: https://www.youtube.com/watch?v=WTscE-QtKTo&t=13s.

71 Vgl. Mülders (2013), 11'15–14'30, URL: https://www.youtube.com/watch?v=WTscE-QtKTo&t=13s.

72 Latendorf (2014).

> Vom Regen lernen, sich zu verströmen,
> von der Erde lernen, mütterlich zu sein,
> vom Mond lernen, sich zu verändern,
> von den Sternen lernen, einer von vielen zu sein,
> von den Jahreszeiten lernen, dass das Leben
> immer von neuem beginnt...

Die Seele ist nicht nur Teil der Natur, sie ist auch eins mit dem Kosmos, dem Universum. Verbundenheit mit dem großen Ganzen bis hin zur Einheit ist ein elementares Kennzeichen von Schamanismus. Trennungen, die für westlich geprägte Menschen kennzeichnend sind, heben sich durch dieses „Einssein" auf.

Tabelle 5: Aufhebung der Trennung im Schamanismus

Quelle: eigene Darstellung; in Anlehnung an Zumstein[73]

Einheit im Schamanismus hebt folgende Trennungen auf:
– Trennung zwischen belebter und unbelebter Wirklichkeit
– Trennung zwischen beseelt und unbeseelt
– Trennung zwischen Mensch, Tier und Pflanze
– Trennung zwischen Mensch – Gott; Mensch ist Teil des Ganzen und Ganzes selbst
– Trennung zwischen Erleben und Verstehen, zwischen Absicht und Handlung, zwischen Wort und Tat. Schamanismus ist erlebtes Wissen.
– Trennung zwischen Wachsein und Träumen

Erstaunlicherweise existieren viele deckungsgleiche Erklärungen rund um den Erdball, obwohl die Völker geografisch weit auseinanderleben und die umgebende Natur verschieden ist. Steiner vermutet, dass sich ähnliche Weltbilder durch ähnliche Lebensbedingungen entwickelt haben. Bei indigenen Kulturen lässt sich eine existenzielle Abhängigkeit von der Natur erkennen. Weiter zeigen sich unerklärbare Phänomene und Krafterfahrungen sowie Hilflosigkeit gegenüber Krankheit, Verletzung und Tod, sowie Gefahren der Schwangerschaft und Geburt. Das Eingeständnis, den Umweltbedingungen nicht gewachsen zu sein und das Erkennen der Hilflosigkeit, führte zur Kraft des Bittens. Um eine Grundlage für ihre Existenz zu finden, hatten die frühen Menschen vermutlich versucht Lösungsstrategien zu finden. Alles Bekannte wurde angerufen: Tiere, Elemente, Verstorbene, Himmelskörper und Gegebenheiten. Absicht und Dringlichkeit der Anliegen wurden durch Anrufung in verschiedenen Ritualen ausgedrückt. Methoden und Techni-

---

73 Vgl. Zumstein (2003), S. 181.

ken waren Fasten, Singen, Aufenthalt in der Einsamkeit, Tanzen oder Rhythmen schlagen. Sie verhalfen zu veränderten Bewusstseinszuständen und entsprechenden Wahrnehmungen, die als förderlich für das Anliegen galten.

Diese Erfahrungen zeigen sich in einem Kontakt mit einer anderen Wirklichkeit als der Alltagswirklichkeit. Höchstwahrscheinlich kamen aus dieser Wirklichkeit Antworten und Unterstützung, ansonsten hätten die Menschen die Techniken nicht wiederholt und verbessert. Nach Steiner gleichen sich interessanterweise sowohl die Methoden wie auch die Erfahrungen vieler indigener Völker im Kontakt mit dieser anderen Wirklichkeit.[74]

---

74 Vgl. Steiner (2014), S. 147 ff.

3 Andere Wirklichkeit

Wie sich der Kontakt zu einer anderen Welt in den nativen Kulturen entwickelt haben könnte, schließt an die Grundannahme von Thalhamer an, dass es außer der sichtbaren noch andere Welten gibt.[75] Wie diese Welten aufgebaut sind, was sie von der Alltäglichen Wirklichkeit unterscheidet und welche zentralen Begrifflichkeiten im Schamanismus eine Rolle spielen, wird im Folgenden aufgezeigt.

3.1 Begrifflichkeiten im Schamanismus

Bei der Betrachtung von Schamanismus führt Walsh aus, dass sich praktisch jeder Gelehrte seine eigene Überzeugung bildet, was Schamanismus ausmacht, und es herzlich wenig Übereinstimmung in dieser Frage gibt.[76]

Alleine um die Wortbedeutung und die Etymologie von „Schamane" fanden jahrzehntelang gelehrte Auseinandersetzungen statt, die laut Paul Uccusic für die wissenschaftliche Gemeinde, interdisziplinär gesehen, noch nicht beigelegt ist.

Uccusic, geboren 1937 in Wien, wandte sich nach dem Studium von Chemie, Physik und Mathematik dem Journalismus zu und kam mit Parapsychologie und Geistheilung in Kontakt. Nachdem er 1982 auf Michael Harner traf, wurde der Core-Schamanismus zu Uccusics Hauptinteressensgebiet, woraufhin Studienaufenthalte in den USA, in Sibirien und in Südamerika folgten. Bis zu seinem Tode im Jahr 2013, war Paul Uccusic Direktor der Foundation for Shamanic Studies Europe,

---

75 Vgl. Thalhamer (2014), S. 16.
76 Vgl. Walsh (1992), S. 19.

deren Aufbau und Verbreitung des Core-Schamanismus in Europa als sein Lebenswerk gelten.[77]

Den Streit um die Wortbedeutung expliziert Uccusic in *Der Schamane in uns*[78] mehr als deutlich. Angemerkt sei, das Uccusics Werk ein umfangreiches und nahezu einzigartiges Literaturverzeichnis enthält, dass den Einstieg in zahlreiche schamanische Kulturen eröffnet. Auf der Suche nach Etymologien hat er eine ganze Bibliothek „durchgeackert" und skizziert einige Beispiele davon.

Tabelle 6: Etymologie des schamanischen Begriffs

Quelle: eigene Darstellung; wörtlich zitiert aus Uccusic[79]

Etymologie des Begriffs „Schamane"
– Bellinger (*Knaurs großer Religionsführer*, 1986): „Shaman (tungus.), sha-men (chines.), von *samarambi* (mandschurisch, ‚tobendes Umherschlagen')."
– Lörer (1986): „Übersetzt in unsere Sprache heißt Schamane ‚sich anheizen, verbrennen, mit Hitze oder Feuer arbeiten'. Das Wort kommt aus dem ostsibirischen Raum…"
– Gruber (*New-Age-Wörterbuch*, 1986): „Schamane, vedisch `sram, sich erhitzen."
– Nioradze (1925): „Samarambi, mandschurisch, bedeutet: sich empören, um sich schlagen, samdambi bedeutet tanzen. Ein gewisser unruhiger, erregter Zustand wird damit bezeichnet."
– Panoff/Perrin (1982): „Von tungusisch (Altai-Sprache) saman, ‚der außer Fassung bzw. verzückt ist'."
– Malow (um 1880) liefert den Beitrag, daß in Turkestan der Schamane mit dem persischen Wort „Perichon" bezeichnet wird: „Jemand, der durch Gebete gesund macht" [das Perichonwesen wird inzwischen als eigene Spielart gesehen, es ist nicht eigentlich Schamanismus; der Verfasser].
– Eliade (1952): „Der Schamanismus *strictu sensu* ist ein par excellence sibirisches und zentralasiatisches Phänomen. Das Wort stammt über das Russische vom tungusischen *shaman*. In den übrigen zentral- und nordasiatischen Sprachen entsprechen diesem Terminus jakutisch *ojun*, mongolisch *buga, boga* (*buge, bu*) und *udagan* (vgl. dazu burjätisch *udayan*, jakutisch *udoyan*, Schamanin), turktatarisch *kam, gam*, mongolisch *kami* usw. Man hat den tungusischen Terminus aus Pali *smana* zu erklären versucht…"
– *Encyclopaedia Britannica* (1953): „Šaman, tungus.-mandschur.von ša = Wissen, also der Wissende."
– Vasmer (*Russisches Etymologische Wörterbuch*, 1955): „*Scham'an* (Betonung auf der 2. Silbe): Priester, Arzt, Zauberer, Beschwörer. Tungus. *saman*, buddh. Mönch, prakrit *samana*, aind. *cramanas*, buddhist. Asket. *Schamanit* bedeutet in der modernen russischen Umgangssprache ‚verzückt sein'."

Uccusic ist der Ansicht, dass man das, was ein Schamane wirklich ist, nur selbst erfahren, nicht aber sich anlesen kann. In seiner wesentlichen Grundstruktur stellt der innerasiatische, nordeurasische und zirkumpolare Schamanismus ein einheitliches Phänomen dar. Ob der Name

---

77 Foundation for Shamanic Studies Europe (o.J.), URL: https://www.shamanicstudies. net/fakultaet/paul-uccusic/.
78 Uccusic (2001).
79 S. Uccusic (2001), S. 24 f.

Schamane nun ein original tungusisches oder ein Lehnwort – vielleicht aus *sramana*, buddhistische Bezeichnung für eine Mönchsklasse – ist, spiele keine Rolle.[80]

Die unterschiedlichen Kulturen fanden vielfältige Bezeichnungen für schamanische Praktiker, die im weiteren Sinne heilende Tätigkeiten ausführen. Neben Schamane oder Heiler werden auch Bezeichnungen wie Medizinmann, Orakelpriester, Hexendoktor, Zauberer, Magier oder Seher verwendet.[81] Je nach Tradition und Definition wird unter einem Schamanen etwas anderes verstanden. Müller-Ebelings Beitrag besagt, dass nicht alle Heiler Schamanen sind und führt fünf wesentliche Faktoren auf, die idealerweise auf einen Schamanen zutreffen sollen.

Tabelle 7: Kennzeichen eines Schamanen

Quelle: eigene Darstellung; wörtlich zitiert aus *Nicht alle Heiler sind Schamanen* in Handbuch der Ethnotherapien[82]

Kennzeichen eines Schamanen
1. Die Berufung zu dieser Aufgabe durch die unsichtbare Welt (durch Krankheiten, Visionen, soziale Ausgrenzung, Träume etc.).
2. Die Fähigkeit, in Trance zu fallen, sie willentlich steuern und wieder verlassen zu können.
3. Jahrelange Lehrzeit bei anderen Schamanen, um die Strukturen der unsichtbaren Welt zu verstehen und Diagnose- und Therapietechniken zu erlernen.
4. Öffentliche Prüfung, um die erworbenen Fähigkeiten zu beweisen.
5. Schwur, diese Fähigkeit ausschließlich zum Wohle anderer einzusetzen und nicht für persönliche egoistische Zwecke, in den Dienst der Allgemeinheit zu stellen, Tag und Nacht, ohne geregelte Arbeitszeiten.

Häufig stellt die Fähigkeit in Trance zu verfallen und sie willentlich steuern und wieder verlassen zu können einen entscheidenden Aspekt dar. Die Forschungsberichte in *Wanderer zwischen den Welten* zeigen jedoch auf, dass dieser Aspekt nicht allen schamanischen Traditionen zugeschrieben wird.[83]

In den früheren ethnologischen Berichten galten Schamanen als psychisch krank, da sie bizarre Verhaltensweisen an den Tag gelegt haben. Dazu gehörte Tanzen, Singen, Schreien, Trommeln, Sprechen in anderen Stimmen sowie der Eintritt in andere Bewusstseinszustände und die

---

80 Hermanns Matthias, zitiert in Uccusic (2001), S. 24 f.
81 In Anlehnung an Walsh (1992), S. 19.
82 Vgl. Müller-Ebeling (2002), S. 15.
83 Arbeitsgemeinschaft Ethnomedizin u. a. (2000).

Kommunikation mit Geistern.[84] Die früheren Forscher waren von der schamanischen Interaktion mit Geistern fasziniert. Die späteren Forscher beeindruckte vor allem die Kontrolle der Schamanen über die Bewusstseinszustände in denen diese Interaktionen stattfinden.[85]

Laut Marx haben einige Wissenschaftler bis in die frühen 1950er Jahre dazu beigetragen, den Schamanismus zu erforschen und ihm zu einem besseren Image zu verhelfen. Der Ethnologe Levi Stauss stellte fest, dass Schamanen nicht geistig krank, sondern eine Art Psychotherapeut und Ordnungsstifter in ihren Gemeinschaften waren. Der schwedische Religionsforscher und Schamanismusexperte Åke Hiltkrantz verstand Schamanen als Heilpraktiker und den Schamanismus als untergehende Heilpraktik. Der Religionswissenschaftler Mircea Eliade definierte Schamanismus als Technik der Ekstase und den Schamanen als Meister der gezielten Bewusstseinsveränderung.

Seit den 1960er Jahren betrachten Wissenschaftler das Phänomen Schamanismus nicht mehr nur von außen als Unbeteiligte, sondern haben sich selbst in die teilnehmende Beobachtung begeben und sich zu schamanischen Praktikern entwickelt.[86]

Der Ethnologe und Anthropologe Carlos Castaneda wird hier erneut erwähnt, der seine angebliche Lehrzeit bei einem mexikanischen Indianer samt seiner vielfältigen Erfahrungen in vier literarischen Werken beschrieben hat. Allerdings lassen die Auseinandersetzungen um Castaneda Zweifel offen, ob dieser tatsächlich bei Don Juan war bzw. ob es den Indianer überhaupt je gegeben hat oder ob Castaneda in monatelanger Bibliothekswühlerei alles nur erfunden hat. Die Ergebnisse Castanedas, spielen nur für die Geschichtsschreibung eine Rolle, nicht aber für den Schamanismus, weshalb sie hier erwähnt werden.[87]

Durch die Veröffentlichung von Michaels Harners *Der Weg des Schamanen* wurde schamanisches Wissen 1980 in Europa erstmals umsetzbar.[88] Auf seine 50-jährige Feldforschungsarbeit in zahlreichen Ländern wurde in der Einleitung Bezug genommen. Harner ist der Begründer der

---

84 Vgl. Marx (2015), 02'46, URL: https://www.youtube.com/watch?v=ua3f9Jo9Fec.
85 Vgl. Walsh (1992), S. 14 f.
86 Vgl. Marx (2010), S. 18 ff.
87 Vgl. Uccusic (2001), S. 31 sowie 263–265.
88 Vgl. Marx (2010), S. 20.

Foundation for Schamanic Studies, mit dessen europäischem Geschäftsführer Roland Urban ein Interview für diese Arbeit geführt werden konnte.

Der promovierte Anthropologe und Psychologe Alberto Villoldo begab sich ebenfalls in die teilnehmende Beobachtung. Er bereiste 25 Jahre lang die Hochländer der Anden und des Amazonas und studierte die schamanischen Heilpraktiken. Da die Autorin dieser Masterthesis eine Ausbildung nach dem Ansatz von Villoldo absolviert hat, wird auch auf seine Erkenntnisse Bezug genommen.

Schamanismus ist eine europäische Wortprägung und eine Bezeichnung von Anthropologen, die das Phänomen in den letzten 200 bis 300 Jahren interessiert beobachtet haben.[89]

Brave behandelt, dass es sich bei der Auseinandersetzung mit dem Schamanismus um eine Konstruktion von westlichen Wissenschaftlern, Kirchenfunktionären und Reisenden handelt und daher von einer „europäischen Imagination des Schamanismus" zu sprechen ist.[90]

In Europa wird häufig vom Neo-Schamanismus bzw. von den sogenannten Neo-Schamanismen gesprochen, da es zahlreiche verschiedene Bezugsquellen gibt. In all diesen Ausführungen tauchen zwei wesentliche Begrifflichkeiten immer wieder auf, die sich wie folgt darstellen:

Tabelle 8: Relevante schamanische Begriffe

Quelle: eigene Darstellung; in Anlehnung an Uccusic[91]

„Nichtalltägliche Wirklichkeit" (NAW)	„Schamanischer Bewusstseinszustand" (SB)
– Eingeführt von Carlos Castaneda – Beschreibt das Kontinuum, in dem der Yaqui-Zauberer agierte, wenn er schamanisch tätig war.	– Eingeführt von Michael Harner – Beschreibt jenen Bewusstseinszustand, in dem der Schamane in die NAW geht – die schamanische Reise. Ist die kognitive Voraussetzung, um die NAW zu erkennen. – Steht im Gegensatz zum normalen Bewusstseinszustand, in den der Schamane zurückkehrt, nachdem er sich einer Aufgabe gewidmet hat.

---

89 Vgl. Marx (2015), 02'00–03'00, URL: https://www.youtube.com/watch?v=ua3f9Jo9 Fec.
90 Vgl. Barve (2013), S. 109.
91 Vgl. Uccusic (2001), S. 32.

Aus diesen Ausführungen leitet sich die Definition ab: „Schamanismus ist eine psychische Technik des Kontakts mit der Nichtalltäglichen Wirklichkeit (NAW), charakterisiert durch den bewußten Übergang des Ausführenden in den Schamanischen Bewußtseinszustand (SB) und die Rückkehr daraus in den normalen Bewußtseinszustand (NB), verbunden mit einem bestimmten Zweck im Dienste der Gemeinschaft."[92]

Als jahrtausendealte Kunst, mit den unsichtbaren, informativen Kräften des Universums zu arbeiten und als professionelle, disziplinierte und präzise Heilarbeit, wird der Schamanismus von Marx beschrieben.[93] Schamanen sind Meister der Bewusstseinsveränderung, die zum Zwecke von Informationsgewinnung und Heilung agieren.[94]

3.2 Wanderer zwischen den Welten

Betrachtet man den Individualisierungsgrad des Frühmenschen und den des heutigen Menschen, sind diese nicht miteinander vergleichbar. Bei der Vorstellung einer Gruppe von Eingeborenen kann ein Bild entstehen, das einem „Gesamtorganismus" gleicht. Die einzelnen Glieder bestehen aus den Menschen der sozialen Gruppe. Der Einzelne konnte ohne das soziale Kollektiv nicht überleben. Der Schamane stellte gewissermaßen das „Gehirn und die Seele" dieses Kollektivs dar. Als Regulator der Gruppen- oder Stammesseele war es seine Aufgabe, alle Störungen, Schwankungen, Erschütterungen und Krankheiten zu verhüten, auszugleichen oder zu heilen. Der Stellung des Schamanen kommt daher eine enorme Wichtigkeit zu.[95]

Der Schamane ist ein Psychopompos, was Seelenführer bedeutet.[96] Schamanische Aktivitäten dienen der Heilung, Bemeisterung von Krisensituationen und somit auch der Gleichgewichtsherstellung des sozialen Kollektivs. Vor allem die Krankenheilung gehört zur zentralen

---

92 S. Uccusic (2001), S. 32.
93 Vgl. Marx (2010), S. 9.
94 Vgl. Marx (2015), 02'30, URL: https://www.youtube.com/watch?v=ua3f9Jo9Fec.
95 Vgl. Barve (2013), S. 21.
96 Vgl. Walsh (1992), S. 178.

Aufgabe des Schamanen.[97] Diese wird im Ritual, der „schamanischen Reise" vollzogen. Die weiteren Tätigkeitsfelder des Schamanen zeigen sich wie folgt:

Tabelle 9: Tätigkeitsfelder des Schamanen

Quelle: eigene Darstellung; zitiert aus Brave[98]

Tätigkeitsfelder des Schamanen
– Schaffung günstiger Witterungsbedingungen (Abwendung sowie Heraufbeschwörung von Stürmen, Schneefall und Regen) – Voraussagen über die Zukunft tätigen (Mediumismus) – Aufspüren von Verstecken gestohlener Güter und Benennung der Diebe – Entlarvung von Schadenszauberern und Hexen in der eigenen Gesellschaft – Deutung von Träumen (als besondere Experten) – Rituelle Reinigung von Behausungen – Beratung der eigenen Volksgruppe bei kriegerischen Auseinandersetzungen – Priesterliche Aufgaben – Abwicklung von Fruchtbarkeitsriten für Land, Menschen und Haustiere – Durchführung von Übergangsriten bei allen Seins- und Statuswechselprozessen (z.B. bei Geburt, Namensgebung, Hochzeit oder Amtsübernahme) – Leitung von Beisetzungsritualen, durch die sichergestellt werden sollte, dass die so genannte Freiseele des Toten sicherer im Totenreich bei den Seelen der Ahnen ankommt, um dadurch ihre Wiederverkörperung zu gewährleisten

Seit den Uranfängen der Geschichte führen Schamanen ein Doppelleben. Sie stehen fest auf dem Boden dieser Welt. Gleichzeitig sind sie verwurzelt in der Anderswelt. Sie pendeln zwischen Diesseits und Jenseits,[99] zwischen der traditionellen und der modernen Gesellschaft und manchmal auch zwischen Vor- und Nachmoderne. Der Schamane ist ein Grenzgänger, der sich zwischen verschiedenen Welten bewegt, in denen er beheimatet ist und in denen er sich aufhalten kann.[100] Die Auseinandersetzung mit der Figur des Schamanen lässt nach Mayer/Schetsche einen Wanderer zwischen den Welten in dreierlei Hinsicht erkennen.

---

97 Vgl. Barve (2013), S. 21.
98 Vgl. Barve (2013), S. 22 f.
99 Vgl. Lüpke (2008a), S. 20.
100 Vgl. Mayer/Schetsche (2006), S. 225.

Tabelle 10: Schamane als Wanderer zwischen den Welten

Quelle: eigene Darstellung; abgeleitet aus Mayer/Schetsche[101]

Schamane als Wanderer zwischen der Alltags- und Anderswelt
– Unverzichtbarer Teil der Gemeinschaft in traditionellen Gesellschaften – Übernahme vital-sozialer Funktonen (Vermittlung eines Gefühls von Kontrolle im Geschehen des Kosmos, Erhalt des Gleichgewichts in der sozialen Gruppe) – Willentlich herbeigeführte Veränderung von Bewusstseinszuständen, zum Reisen in andere Realität (Anderswelt) bei traditionellen als auch Neo-Schamanen moderner Gesellschaften
Schamane als Wanderer zwischen traditioneller und moderner Gesellschaft
– Westliches Denken und Lebenspraxis beeinflusst Schamanismus traditioneller Kulturen – Steigendes Interesse moderner Kulturen an altem Heilwissen (Einladung traditioneller Schamanen in neoschamanisch-westliche Szenen) – Zurückbringen von erworbenem Wissen moderner Kulturen in indigenen Kontext – Zugehörigkeit der Schamanen zu mehreren Kulturen und Realitätsbereichen (Grenzgänger) – Kontext eines Kulturtransfers in dem sowohl indigene Schamanen als auch Neo-Schamanen als Wanderer zwischen den Kulturen agieren
Schamane als Wanderer zwischen Vormoderne und Nachmoderne
– Westliche Rezeption stellt Schamanen-Konzept in verschiedenen postmodernen Rollen oder Identitäten dar – Teilweise weder Besitz von Legitimität noch sozialer Funktion bei Schamanen moderner Gesellschaften; lediglich Verweis auf Vergangenheit und Zukunft durch die Träger einer Nicht-Rolle – Beispiel Stadt-Schamanen: Metaphern und Visionen stark vom naturreligiösen Weltverständnis indigener Völker oder zeitlich weit zurückliegender Kulturen geprägt; Attribute des vormodernen Schamanen, der in der nachmodernen Welt seinen Platz gefunden hat; Konzept speziell auf Leben und Wirken des Magiers, der Hexe und des Schamanen in der Großstadt ausgerichtet. – Beispiel Techno-Schamanen: Schamanen-Figur wird von utopischen Entwürfen alternativer Gegenwarts- oder avantgardistischer Cyber-Kulturen inspiriert; Raves der Techno-Partys stellen rituelle Ereignisse dar; unter schnellen monotonen Rhythmen und Drogen vermögen Teilnehmer spirituelle Einheitserfahrungen zu erlangen; Tanzfläche wird zu sakralem Raum, an dem ein kollektives Bewusstsein entsteht und Kontakt zu anderen Wirklichkeitsebenen hergestellt werden kann. – Beispiel Cyber-Schamanen: Cyberspace wird als neuer spiritueller Raum, als künstliche Anderswelt betrachtet; Netz selbst wird für schamanische Praktiken, Heilungen oder Magieweben genutzt; *Cyber-Schamane SPIDER:* „Manchmal versetzte ich mich beim Surfen im Internet in Trance, dann sprechen die Götter zu mir. Ich klicke und klicke und klicke, wechsle von einem Link zum nächsten, ohne die Seiten wirklich zu lesen, ich klicke einfach auf den ersten Link, den ich auf jeder Seite sehe bis plötzlich eine Macht ‚Stopp!' schreit und ich mir ansehe, wo ich bin. Es könnte etwas sein, das ich wissen oder lernen sollte, es kann ebenfalls eine persönliche Botschaft sein."[102] *Cyber-schamanischer Segensspruch für Internet-User:* „Möge die heilige Berührung der Großmutter Spinne und der Weberin der Schicksale mich vor Schaden schützen und das Pferd, das ich reite, die Maschine vor allen Krankheiten bewahren wenn ich durch dieses große und wunderbare Netz klettere."[103]

---

101 Vgl. Mayer/Schetsche (2006), S. 217 ff.
102 Vgl. Mayer/Schetsche (2006), S. 223 zitiert aus Kaldera und Schwarztstein (2003) S. 187.
103 Vgl. Mayer/Schetsche (2006), S. 223 zitiert aus Kaldera und Schwarztstein (2003) S. 190.

Die verbindenden Prinzipien der schamanischen Traditionen, die bereits hergeleitet wurden, werden nun mit der Figur des Schamanen in der heutigen Zeit in Verbindung gebracht. Die Skizzierung bezieht sich auf den Weg des Schamanen, seine Verbindung zur Natur, seine Kommunikation mit der anderen Seite und die Dienste, zu denen er sich verpflichtet. Die Ausführungen erheben keinen Anspruch auf Vollständigkeit, den Entwicklungs- und Lebensweg eines Schamanen abzubilden, können jedoch Einblick in dessen Tätigkeitsspektrum zu bieten.

3.2.1 Schamanischer Weg

Typische Kindheits- und Jugenderfahrungen schamanisch Praktizierender im deutschen Raum wurden von Künzel eruiert. Ihr Forschungsbericht *Schamanische Entwicklungswege*[104] stellt Erfahrungen zwanzig Praktizierender in Deutschland den Erfahrungen der Berufungsphase, der Initiation und der Lehrzeit indigener Schamanen gegenüber. Trotz unterschiedlicher Lebensbedingungen und kultureller Prägungen zeigen sich typische Lebensmuster und Parallelen der „Schamanenwerdung". Vor allen Dingen die Berufungsphase zeigt sich in beiden Gesellschaften als äußerst krisenhaft. Einmalige Krisen oder länger andauernde krisenhafte Zeiten können damit verbunden sein. Typisch sind beispielsweise sozial auffälliges Verhalten, traumatische Ereignisse, schwere Krankheiten oder allgemein alle Erfahrungen, die bewirken, dass das normale Alltagsverständnis eines Menschen erschüttert wird. Dadurch bekommt das Weltbild sowie das Selbstverständnis des Menschen Risse und er wird aufnahmefähig für eine neue Sicht des Lebens. Mit der bewussten Annahme der schamanischen Fähigkeiten endet die Berufungsphase in der Regel. Der Begriff Berufung kann also im Sinne von „gerufen werden" oder „sich berufen fühlen" verstanden werden.[105]

Den persönlichen Weg des Schamanen skizziert Straessle als einen geschwungenen Pfad, der sowohl über hohe Berge als auch durch tiefe

---

104 Künzel (2018).
105 Vgl. Künzel (2018), S. 17, 29, 61.

Täler führt und durch den man sich nicht hindurch mogeln kann. Zu glauben, dass mit der schamanischen Praxis ein Zustand entsteht, den man einmal erreicht beibehalten kann, wäre zu einfach. Eine intensive Arbeit an sich selbst muss die Lehrzeit begleiten. Wichtig ist, dass das eigene Ego in den Hintergrund tritt, damit es sich in den Heilungsprozess nicht mehr einzumischen braucht.[106]

Hasslinger vergleicht den Schamanismus mit einer Lebensschule – einem lebenslangen Lernen ohne einen Grad der Vollkommenheit zu erreichen. Der Schamane ist ein Heiler, der durch eigene schmerzliche Erfahrung Zugang zur geistigen Welt gefunden hat. Diese Verunsicherung, die schier verrückt machen kann, muss ertragen und ausgestanden werden und ist oftmals Teil der Initiation. Von den eigenen Leidens- und Heilungserfahrungen geprägt, lernt der Schamane diese für andere nützlich zu machen. Die Haltung, die der Entwicklung gleichen soll, kann mit Demut umschrieben werden.[107]

In seinem gleichnamigen Werk *Der Heilungsweg des Schamanen* führt Thalhamer aus, dass es eine „Initiationskrankheit" gibt. Sie kann als Krankheit, die einen auf den Weg bringt, verstanden werden. Daher spricht man auch vom „verwundeten Heiler." Gerade in einem Heilberuf, der mit dem üblichen Ablauf tiefgehender Gefühle einhergeht, kann selbst erlittenes Leid oder eine überlebte Krise für das Verstehen der Klienten von Vorteil sein, da man vieles von sich selber kennt.[108]

Als das Überwinden der eigenen Zerrissenheit beschreibt Villoldo den Pfad des verwundeten Heilers auf dem er lernte, Schmerz, Trauer, Wut und Scham in Quellen der Stärke und des Mitgefühls zu transformieren. Die Entdeckung der Kraft, die im Schmerz liegt, ist eines der größten Geschenke, die ein Heiler seinen Klienten anbieten kann. Ein Heiler, der diesen Weg gegangen ist, kann auch den Schmerz des anderen fühlen, weil er weiß, was es bedeutet verletzt zu werden. Villoldo führt dazu an: „Indem ich meine eigenen seelischen Wunden heilte, lernte ich, mich selbst und andere zu lieben."[109]

---

106 Vgl. Straessle (2014), S. 21 f.
107 Vgl. Hasslinger (2014), S. 56.
108 Vgl. Thalhamer (2014), S. 27.
109 S. Villoldo/Hickisch (2001), S. 17.

3.2.2 Kommunikation mit der anderen Seite

Während Europäer häufig glauben, aus dem mystischen Garten Eden vertrieben worden zu sein, verstehen sich die amerikanischen Urein-wohner als dessen Verwalter und Diener. Villoldo beschreibt, dass die Indios vom Schweigen des europäischen Gottes verwirrt sind. Sie selbst sprechen mit Tieren, donnernden Flüssen, flüsternden Bergen und hören die Stimme Gottes im Wind.[110]

Das westliche Weltbild gleicht einer eindimensionalen Welt – vielfach ohne Geheimnis, Mystik und innerer Bedeutung. Der Schamanismus spricht Menschen unserer Zeit an, da immer mehr zu der Ansicht gelangen, dass ein gesundes Leben sowohl einen materiellen als auch einen spirituellen Anteil hat.[111]

Jede schamanische Reise ist ein Gang in die Wirklichkeit jenseits der weltlichen Realität. Würde versucht, diese Dimension durch Interpre-tationen psychologischer oder physiologischer Art in Konstruktionen der Lebenswelt hereinzuholen, würde sie auf das schmale Band des-sen reduziert werden, was übereinstimmend als real bezeichnet wird, so Hasslinger.[112] Die Schwierigkeit sieht Straessle darin, die Sprache der anderen Seite, die geistige Kommunikation des Unsichtbaren, zu verstehen. Für die Geistwesen gibt es beispielsweise nicht die Zeit, die üblicherweise gekannt wird.[113] Das schamanische Universum ist im Gegensatz zum linearen Weltbild zyklisch[114], was in etwa bedeutet, dass Zeit etwas ist, das wie in einem Kreislauf immer wiederkehrt und nicht wie in der westlichen Vorstellung etwas knapp Bemessenes, das wie in einem Fluss verrinnt.[115]

Wenn Zeit ihre Dominanz verliert, kann sich Geduld ausbreiten. Mit Erwartungen verhält es sich ähnlich; wer diese nicht entstehen lässt, kann vertrauensvoll annehmen was Leben und Geistwesen schenken. Demnach macht der Schamane auch eigentlich nichts, außer sich zeit-

---

110 Vgl. Villoldo/Hickisch (2001), S. 22.
111 Vgl. Marx (2010), S. 7 f.
112 Vgl. Hasslinger (2014), S. 58.
113 Vgl. Straessle (2014), S. 25.
114 Vgl. Müller-Ebeling (2002), S. 14.
115 Vgl. Biebeler Marga (2019), URL: https://diephilosophin.de/tag/zyklische-zeit/.

weise den helfenden Geistwesen zur Verfügung zu stellen und dabei die Ethik zu achten. Die schamanische Reise führt in die Andersheit, daher zieht auch die schamanische Heilung weite Kreise. Die Arbeit muss jedoch nicht allgemein verständlich sein und es ist wichtig, sie nicht mit zu vielen Worten oder Erklärungen zu zerreden. Streassle stellt in den Mittelpunkt, man könne einwenden, dass es das doch alles gar nicht gibt, jedoch hat man sich in der westlichen Kultur daran gewöhnt, dass es nur das gibt, was sich empirisch beweisen lässt, was sich also in der modernen Wissenschaft zeigt. Eigentlich sind Schamanen Menschen, die auf dem Kopf stehen und alles anders betrachten. Dadurch können sie frischen Wind, neue Lichtbilder und Freude in das oft so anstrengende Leben bringen.[116]

3.2.3 Verbindung zu Natur und Geistwesen

Die Entfernung der modernen Zivilisation von den natürlichen Grundlagen ist laut Straessle enorm. Die erschreckend entfremdende Bewertung zeigt sich beispielsweise in der Art wie Nahrung erlebt wird. Früher hat man Brot aus Weizen, Roggen und anderem Getreide gegessen wohingegen heute über Kohlenhydrate und Gluten gesprochen wird. Milch und Käse werden in chemische Einzelbestandteile, wie Protein und Laktose zerlegt, Milchkühe in Kontingenten berechnet. Bekannt ist auch, dass viele Kinder glauben, dass Milch und Brot aus dem Supermarkt kommen.[117]

Hasslinger rückt die Frage in den Mittelpunkt, wie mit der Natur umgegangen wird. Er zählt auf, dass sie beispielsweise mit Monokulturen und Pestiziden traktiert wird, dass Bienen flüchten und sterben, weshalb in den USA Großimker Bienenvölker mit dem LKW zu den Obstplantagen bringen oder in China Blüten per Hand bestäubt werden. Die inflationäre Mobilfunkstrahlung, die erzeugt wird und über deren Auswirkung auf das Leben wenig bekannt ist, ist ein weiterer Anhaltspunkt dessen, wie weit die zweifellos fulminant technische und

---

116 Vgl. Straessle (2014), S. 24 ff.
117 Vgl. Straessle (2014), S. 26.

wirtschaftliche Entwicklung die Entfremdung zwischen Mensch und Natur begünstigt.[118]

Seit jeher übernehmen Schamanen die Aufgabe, auf das Gleichgewicht zwischen menschlichen Interessen und natürlichen Lebensbedingungen zu achten.[119] Den ökologischen Ansatz von Schamanismus sieht Hasslinger darin, mit den Geistwesen, die die Natur beseelen und bewohnen, in Verbindung zu treten. Daraus ergibt sich alles Weitere wie von selbst. Einerseits kann sich eine interaktive Beziehung zu Pflanzen, Tieren, Steinen, Landschaften und sonstigen Wesenheiten entwickeln. Andererseits kann großer Respekt gegenüber den Kräften der Elemente entstehen.[120]

Die Natur wird von Straessle als wichtigste Lehrerin angesehen, die immer wieder daran erinnert, das Ego, dem leicht verfallen wird, nicht zu ernst zu nehmen. Stilles Sitzen unter einem Baum kann daran erinnern, dass sich Sorgen häufig um Dinge drehen, die nicht wichtig sind. Natur kann ins Lot bringen, wenn ihr der Raum gegeben wird, im Menschen zu wirken. Naturgeister haben ein unerschöpfliches Reservoir an Wissen, Kraft und Weisheit.

In der westlichen Kultur verliert sich die Kraft der Familie, des Dorfes, der Gemeinschaft immer mehr. Die schamanisch-animistische Weltansicht, dass alles beseelt und lebendig ist, kann helfen, das stärker werdende Gefühl von Einsamkeit hierzulande zu verlassen. Helfende Geistwesen können das Gefühl von Einsamkeit nehmen. Schamanische Reisen sind keine inneren Reisen, sondern führen in Bereiche, in denen man nur ein winziger Teil des Ganzen ist.[121]

Die übliche Vorgehensweise bei einer schamanischen Reise ist die, dass zunächst ein Kontakt mit der Natur hergestellt wird. Visualisiert wird beispielsweise eine Waldlichtung, eine Stelle an einem Bach, ein Meeresstrand, ein Berggipfel oder irgendein anderer Flecken in der Landschaft. Zusätzlich können auch weitere Sinne unterstützend aktiviert werden. Geräusche, wie das Zwitschern eines Vogels oder das Rauschen eines Baches können gehört, Wind auf der Haut kann ge-

---

118 Vgl. Hasslinger (2014), S. 67.
119 Vgl. Straessle (2014), S. 26.
120 Vgl. Hasslinger (2014), S. 67.
121 Vgl Straessle (2014), S. 22 ff.

spürt oder der Geruch von Blumen, Meer oder einem Hochwald kann wahrgenommen werden.

Uccusic stellt dar, dass sich so etwas wie ein Eingang in die Untere Welt (UW) beispielsweise in einem hohlen Baum, einem Mauseloch oder eine Grotte zeigen kann. Auch kann sich solch ein Eingang in einer tiefen Höhle oder in einem Wasserfall, der in einen tiefen See fließt, zeigen. Auf Reisen in der Unteren Welt kann ein Kontakt mit einem oder mehreren Tieren entstehen. Das Krafttier stellt den vital-animalischen Aspekt des Menschen dar. Symbolisch kann es als Urkraft aufgefasst werden. Durch die Kommunikation mit Krafttieren kann der Mensch Unterstützung und Hilfe erfahren oder Informationen erhalten.

Reisen in die Obere Welt (OW) starten häufig auch von einem Ausgangsort in der Natur. Dies kann ein Baumwipfel oder ein Berggipfel sein, von dem aus in die Höhe gesprungen wird. Möglich ist auch das Wandeln über einen Regenbogen, über das Nordlicht, über Sonnenstrahlen oder das Aufsteigen mit dem Rauch eines Feuers. Eine wichtige Wesenheit in der schamanischen Erfahrung, der häufig auf Reisen in der Oberen Welt begegnet wird, ist die des Lehrers. Der Lehrer ist in der Regel von menschlicher Gestalt, kann sich jedoch auch in der Gestalt einer Pflanze, eines Steins oder etwas anderem zeigen.[122]

In traditionellen schamanischen Kulturen waren personale Helfer die Götter und Göttinnen sowie die Geister der Ahnen. In der heutigen Zeit begegnen die Menschen Lehrern wie Jesus, Maria oder Buddha. Auch treten viele Menschen in Kontakt mit inspirierenden Figuren wie Albert Einstein oder Hildegard von Bingen. Bei vielen Menschen treten auch verstorbene Verwandte wie die Großmutter oder der Großvater als Lehrer auf. Die alten Götter der Mythen wie Isis, Osiris oder Hermes sind ebenfalls gute Lehrer. Der Begriff Lehrer bzw. Lehrerin soll die verschiedenen Wesenszüge bzw. Personifikationen menschlicher Geisthelfer zusammenfassen, wie sie auf einer schamanischen Reise in Erscheinung treten können. Eine Ähnliche Abstraktion geht mit dem Wort des Krafttiers einher. Die Eigenarten, das Wissen und

---

122 Vgl. Uccusic (2001), S. 48 ff.

die Kräfte, die die Helfer teilen oder zur Verfügung stellen, kann nur in der konkreten schamanischen Erfahrung erkannt und benannt werden.[123]

3.2.4 Dienende Haltung

Wollen die Menschen in der modernen Welt, etwas verändern, so ändern sie laut Villoldo die Regeln, also die Vorschriften oder Gesetze. Wollen Schamanen etwas verändern, so ändern sie ihre Sichtweise, wodurch sie sich in eine neue Beziehung zum Leben bringen. Damit sich das Mögliche in der äußeren Welt manifestiert, stellen sich die Schamanen dies vor. Die Stammesältesten der Inka sitzen beispielsweise in Meditation, um die Welt zu imaginieren, die sie ihren Enkeln hinterlassen wollen.[124]

Die Dienste, die mit der Entwicklung eines Schamanen einhergehen, zeigen sich in der Tradition der Anden in sieben Stufen. Sowohl traditionelle als auch Neo-Schamanen, die nach dieser Tradition ausgebildet sind, verpflichten sich zur Erfüllung der Aufgaben auf ihrem Entwicklungsweg.

Tabelle 11: Stufen und Dienste im Schamanismus der Anden

Quelle: eigene Darstellung; in Anlehnung an Villoldo[125] und Kempel[126]

Stufen, Aufgaben und Dienste eines Schamanen
Stufe 1 Ayni Karpay: Der Lehrling, der Schüler lernt die richtige Beziehung zur Natur herzustellen und wird noch nicht als Schamane bezeichnet.
Stufe 2 Pampamesayok: Der Lehrling wird zum Mesaträger[127]. *Pampa* bezieht sich auf die unteren Gebiete der Anden, *Mesa* ist der Altar des Schamanen. *Yok* bedeutet Kraft. Der Pampamesayok hat eine Sammlung heilkundlicher Gegenstände vervollständigt. Es ist nun seine Pflicht, der Erde zu dienen, daher wird er auch als Erdenwächter bezeichnet.

---

123 Vgl. Picard (2014), S. 111.
124 Vgl. Villoldo/Hickisch (2001), S. 23.
125 Vgl. Villoldo/Hickisch (2001), S. 50 f.
126 Kempel (2010), URL: https://morphoblog.de/pampamesayok/.
127 Vgl. Obermaier (2013), 18'25–18'50, URL: https://www.youtube.com/watch?v=FglDOeetN-0, Die Mesa ist das Medizinbündel des Schamanen. Sie beinhaltet 12 Heilsteine, die während der Ausbildung gesammelt wurden und einen 13.

Stufe 3 Altomesayok: Ein *Altomesayok* ist ein hoher Mesaträger. Er ist sowohl den *Apus*, den heiligen Bergen, als auch der Heilkunde gegenüber verantwortlich. Innerhalb dieser Stufe gibt es drei unterschiedliche Grade, und in dem Maß, in dem die eigene Kraft und Weisheit wächst, kommt man unter den Schutz immer höherer Berge.

Stufe 4 Kurak Akuyek: Der *Kurak Akuyek* ist die Vollendung des Mesaträgers. Das Wort *Kurak* bedeutet wörtlich „Ältester", und *Akuyek* „kauen" oder „zerkleinern". Der Schamane wird zum Lehrer. Er kann Wissen und Energie katalysieren und weitergeben. Wie eine Mutter, die eine Weintraube zerbeißt und von Kernen befreit, bevor sie sie ihrem Kind gibt, „zerkaut" der Schamane auf dieser Stufe das Wissen, sodass andere es verdauen können.
Ein Kurak Akuyek ist den Sternen gegenüber verantwortlich. Das Erreichen dieser Stufe kann ein ganzes Leben dauern und nur wenige Schamanen erreichen sie überhaupt.

Die Stufen darüber sind bekannt als Inka Mailku oder der Betagte. Sapha Inka oder der Leuchtende und Taitanchis Ranti oder derjenige, aus dem das Gottes-Licht strahlt. Die Läuterung nimmt mit jeder Stufe zu, und die einzelnen Stufen werden durch die Kräfte wahrgenommen, die der Schamane entwickelt.

Seit der Industrialisierung sind Fortschritte der Energiegewinnung und technische Entwicklung in einem Ausmaß vorangeschritten, dass der Glaube entstehen könnte, der Mensch lebt unabhängig von der Natur. Die Verarmung der spirituellen Lebensweise, gerade auch, was die Verbindung zu Natur und ihrer geistigen Kraft anbelangt, geht mit einer inneren Leere einher. Aus schamanischer Sicht ist das Seelenleben von Entwicklungen dieser Art jedoch nicht trennbar. Weise Alte mahnen an vielen Orten der Welt und rufen zur Besinnung auf. Die nötige Kraft und Inspiration kann durch den heilenden Geist im Universum verliehen werden. Wenn hierzu eine Öffnung und Rückanbindung stattfindet, wäre dies nach Hasslinger im tieferen Sinn Religion.[128]

Generell ist zu beobachten, dass es unter Schamanen ein vermehrtes Interesse an einer Vernetzung und Austausch gibt, gerade auch im Hinblick auf die globalen Probleme. Schamanen fördern die gegenseitige Verbundenheit und sehen die komplexe Vernetzung allen Lebens als notwendig an.[129]

Die vielen Fragen, die das Leben stellt, können zuweilen mit der eigenen Ratio nicht immer beantwortet werden. Übersteigen Probleme die eigenen Fähigkeiten und Lebenserfahrung, kann Hilfe von außen notwendig werden.

Stein, der den Schamanen direkt mit der Linie der Medizinmänner und -frauen verbindet, die außerhalb der Zeit arbeiten.

128 Vgl. Hasslinger (2014), S. 69 f.
129 Vgl. Marx (2010), S. 20.

Die schamanische Methode der Divination, holt Rat und Information bei den Spirits ein und vermittelt sie an Hilfesuchende. Der Schamane nimmt Verbindung zu seinen Helfern in der geistigen Welt auf und beabsichtigt Klärung für das Problem seines Klienten. Die Aufgabe des Schamanen besteht darin, die Not des Ratsuchenden zu erfassen und sich mit den Geisthelfern zu verbinden. Die Spirits spenden die Antworten aus einem zeitlosen Raum, der frei ist von jeglicher Polarität wie Gut und Böse oder Leid und Schmerz. Die Begegnung mit den Spirits vermittelt Kraft und könnte auch als Empowerment-Ansatz gesehen werden. Wissen, das aus der Zeitlosigkeit kommt, könnte als Weisheit bezeichnet werden.[130]

Wie bereits beschrieben, ist das schamanische Weltbild ein animistisches. Der Begriff des Animismus kommt laut Steiner aus dem Indo-Europäischen. Im Altgriechischen findet sich das Wort ánemos, das Wind oder Hauch bedeutet. Der hiervon abgeleitete Begriff animus findet sich im Lateinischen; anima bedeutet später in religiösen Zusammenhängen auch Seele oder Geist. Die Belebtheit oder Beseeltheit, die sich in allem wiederspiegelt, wird von den Menschen geachtet, die in Kommunikation mit den Geistwesen treten.[131]

Jeder Mensch hat laut Mülders eine Seele sowie einen göttlichen Plan oder einen göttlichen Weg. Schamanen gehen in Kontakt mit der Seele. Den Seelenweg eines Menschen zu erkennen und eine Lösung zu finden, ist der Weg des Schamanen.[132]

Obermaier beschreibt, dass sich der Schamane in den Dienst stellt. Er stellt sich in den Dienst seiner Klienten, der Spirits und in den Dienst der Welt. Daher hinterfragt sich ein Schamane kontinuierlich, wo er steht und ob er an dem Ort ist, von dem aus er dienen möchte.[133]

Die dienende Haltung wird mit einem Zitat des psychologischen Psychotherapeuten Dr. Winfried Picard zusammengefasst: „Der Schamanismus wird auch Weg des Herzens genannt. Die Werkzeuge des Kop-

---

130 Vgl. Hasslinger (2014), S. 70 f.
131 Vgl. Steiner (2014), S. 149.
132 Vgl. Mülders (2013), 11'06–14'30, URL: https://www.youtube.com/watch?v=WTs cE-QtKT0&t=13s.
133 Vgl. Obermaier (2013), 07'41–08'01, URL: https://www.youtube.com/watch?v=F glDOeetN-0.

fes bekommen vornehmlich die erfüllende Aufgabe, sich in den Dienst des Herzens zu stellen."[134]

---

134   S. Picard (2014), S. 7.

4 Schamanische Karte

Die vorangegangenen Ausführungen zeigen auf, dass Schamanen mit einer anderen Seite kommunizieren. Diese Nichtalltägliche Wirklichkeit besteht aus vielfältigen Welten, Ebenen und Zonen, die der Schamane bereisen kann. Der Schamane kennt diese Räume und navigiert als der beschriebene Wanderer zwischen diesen Welten.

4.1 Schamanische Weltsicht

Die Nichtalltägliche Wirklichkeit ist Teil des schamanischen Weltbildes. Um dieses Weltbild begreifen zu können, ist es erforderlich, die Kosmologie zu kennen, also zu verstehen, wie diese Welten aufgebaut und strukturiert sind.

Laut Marx ist es nicht möglich die gesamte Realität bzw. Wirklichkeit wahrnehmen zu können, sondern nur etwa fünf Prozent des elektromagnetischen Feldes der Umgebung. Dabei ist die Wahrnehmung von den menschlichen Sinnen und dem Gefühl für die Wirklichkeit abhängig. Die erlebbare Wirklichkeit stellt einen Spiegel des menschlichen Bewusstseins sowie seiner Einschränkungen dar, woraus eine engere oder weitere Wahrnehmung der Realität resultiert.

Tabelle 12: Westliche versus schamanische Weltsicht

Quelle: eigene Darstellung; in Anlehnung an Marx[135]

Westliche Weltsicht	Schamanische Weltsicht	
	Alles Lebende – auch Gedanken, Wahrnehmungen, Gegenstände und Lebewesen haben sowohl alltäglichen als auch nichtalltäglichen Aspekt.	
✓ physikalisch-materielle Welt ✓ drei bzw. vier Dimensionen; Länge, Breite, Höhe – Zeit ✓ Real ist, was wahrnehm- oder messbar ist	**Alltäglicher Aspekt** Kann von jedem Menschen mehr oder weniger gleich wahrgenommen werden wie Form, Farbe, Textur, Temperatur usw.	**Nichtalltäglicher Aspekt** Kann nur durch gewisses Training wahrgenommen werden und stellt sich für jeden Menschen etwas anders dar.

Bei der erweiterten schamanischen Bewusstseinsveränderung wird nicht die eine Welt verlassen, um in die andere Welt zu reisen; vielmehr ist es so, dass die Wahrnehmung von dem einen Teil der umgebenden Wirklichkeit auf einen anderen verlagert wird bzw. sich der Radius erweitert.

Zur Verdeutlichung, wie sich diese Erweiterung zeigen kann, soll zunächst nur der nachfolgende Stuhl betrachtet – und dann die Aufmerksamkeit auf den gesamten Raum verlagert werden, in dem der Stuhl steht.

---

135 Vgl. Marx (2010), S. 32 ff.

Abbildung 2: Schamanischer Bewusstseinszustand

Quelle: lizenzfreie Bilder auf Pixabay[136]

An diesem Beispiel kann deutlich werden, dass im erweiterten schamanischen Bewusstseinszustand nicht eine andere Welt oder Realität wahrgenommen wird, sondern mehr von der bereits vorhandenen.[137]

Die meisten schamanisch praktizierenden Kulturen teilen die Wirklichkeit in drei sogenannte Welten. Diese gliedern sich in die Obere, die Mittlere und in die Untere Welt.

Alle drei Welten oder auch Ebenen der Realität sind durch die sogenannte Weltenachse miteinander verbunden, die je nach Kultur als Weltenbaum, Säule, Stein oder Berg dargestellt wird.

---

136 Pixabay (2019), URL: https://pixabay.com/de/.
137 Vgl. Marx (2010), S. 35 f.

Tabelle 13: Welten des Schamanismus

Quelle: eigene Darstellung; in Anlehnung an Marx[138]

Untere Welt	Mittlere Welt	Obere Welt
Nicht mit normalem Wachbewusstsein wahrnehmbar	Wachbewusstsein Zuordnung: Hier und Jetzt	Nicht mit normalem Wachbewusstsein wahrnehmbar
– Keine gewohnten Raum- und Zeitmechanismen – Vergangenheit, Gegenwart und Zukunft existieren parallel – Orte (Räume) lassen sich ohne Wegstrecken wechseln; wie im Traum	– Raum-Zeit-Gefüge und Gesetzmäßigkeiten	– Keine gewohnten Raum- und Zeitmechanismen – Vergangenheit, Gegenwart und Zukunft existieren parallel – Orte (Räume) lassen sich ohne Wegstrecken wechseln; wie im Traum
Aspekte	Aspekte	Aspekte
– Nichtalltägliche Wirklichkeit – Ausschließlich spirituell oder informativ	– Alltäglich, physikalische Realität – Spirituelles Äquivalent aller Lebewesen, Gedanken usw.	– Nichtalltägliche Wirklichkeit – Ausschließlich spirituell oder informativ

Eine dreigeteilte Welt mag an die christliche Weltanschauung erinnern. Eine Wertung mit dem irdischen Diesseits sowie dem in Himmel und Hölle aufgeteilten Jenseits, hat das schamanische Weltbild im Allgemeinen nicht.

Die schamanische Weltanschauung ist nicht buchstäblich zu nehmen. Für Menschen der modernen Welt, kann sie verständlicher werden, wenn die Welten nicht als konkrete Landschaften, sondern viel mehr als Bewusstseinsmodell aufgefasst werden. Wird die schamanische Kosmologie als Bewusstseinsmodell begriffen, können den verschiedenen Welten bestimmte Bewusstseinsebenen und -zustände zugeordnet werden, was nachfolgende Grafik verdeutlicht:

---

138 Vgl. Marx (2010), S. 35 f.

Abbildung 3: Schamanische Kosmologie als Bewusstseinsmodell

Quelle: eigene Darstellung; übernommen aus Marx[139]

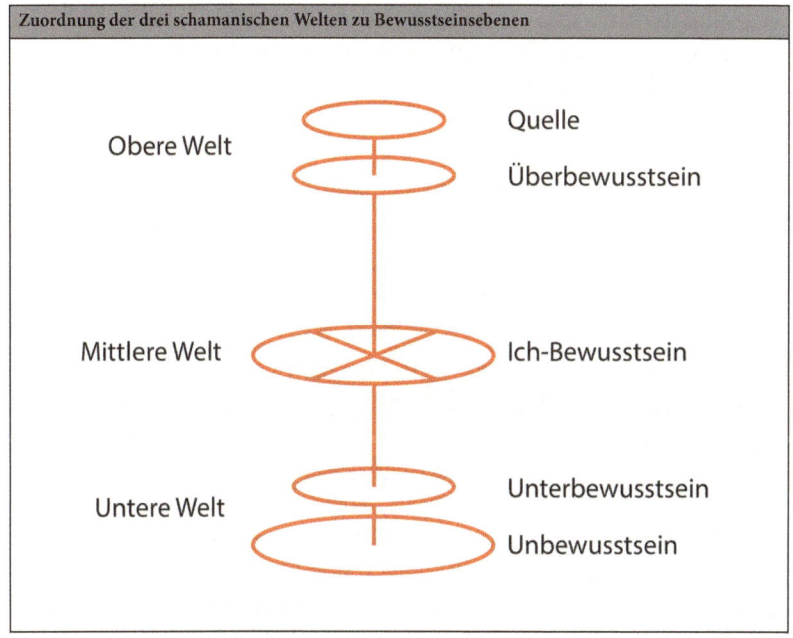

Das Ich-Bewusstsein wird der Mittleren Welt zugeordnet, die der Wahrnehmung der alltäglichen Realität bzw. dem normalen Wachbewusstsein entspricht. Das Unterbewusstsein und das Unbewusste werden der Unteren Welt zugeordnet. Das Überbewusstsein wird der Oberen Welt zugeordnet. Sie stellen veränderte Bewusstseinszustände dar, die der Wahrnehmung der Nichtalltäglichen Wirklichkeit entsprechen.

Das Besondere am Schamanismus ist, dass Schamanen sich eines großen Bewusstseinsspektrums bedienen, während Menschen im Alltags- oder Wachbewusstsein nur einen kleinen Teil ihres Potenzials nutzen.[140]

Schamanen werden auch deshalb Wanderer zwischen den Welten genannt, weil sie die Bewusstseins-Techniken kennen, um zwischen

---

139 S. Marx (2010), S. 38 f.
140 Vgl. Marx (2010), S. 38 f.

diesen Parallelwelten hin und her zu reisen. Die wichtigste Technik des Schamanen ist die schamanische Reise, die im Weiteren illustriert wird. Ingerman bezieht sich auf Michael Harners Forschungsergebnis, der erkannte, dass die schamanische Reise das zentrale Element aller schamanischen Kulturen ist, unabhängig vom geografischen, zeitlichen oder kulturellen Umfeld.[141]

4.2 Reise durch die schamanischen Räume

Das vorangegangene Konzept der drei Welten ist von Bedeutung, um ein Verständnis von den Räumen der Nichtalltäglichen Wirklichkeit erahnen zu können, in die Schamanen reisen.

Eliade bezeichnet diese Ebenen als drei große Stockwerke, die untereinander durch die Mittelachse verbunden sind. Diese Achse gilt als „Öffnung" oder „Loch" durch welches der Schamane, neben den Göttern oder den Verstorbenen, auf- und abreisen kann. In seinem Buch *Schamanismus und archaische Ekstasetechnik* beschreibt er ähnliche Vorstellungen von Himmel, Erde und Unterwelt bei vielen Völkern, jedoch werden dafür unterschiedliche Symboliken und Beschreibungen verwendet. Die schamanische Technik besteht im Übergang von einer kosmischen Region zur anderen, wobei der Schamane das Geheimnis des Durchbrechens der Ebenen kennt.[142]

Die schamanische Reise wird manchmal auch als „magischer Flug" oder „Seelenreise" bezeichnet. Sie gilt in den schamanischen Traditionen als zentrale Technik und unterscheidet den Schamanismus von anderen spirituellen Traditionen. Der Zweck dieser Reisen besteht hauptsächlich darin, in den anderen Welten außergewöhnliches Wissen und Hilfe für sich selbst oder für andere zu finden.[143]

Traditionell bestand die Aufgabe des Schamanen darin, Botschaften aus der anderen Welt für die Stammesmitglieder oder die Gemeinschaft mitzubringen. Heute kann das Reisen dafür genützt werden, um Informationen einzuholen. Fragestellungen können sich beispielsweise

---

141 Vgl. Ingerman (2011), S. 8.
142 Vgl. Eliade (2016), S. 249 ff.
143 Vgl. Harner (2016), S. 111.

auf Lebensdomänen wie Beziehungen, Gesundheit oder Arbeitswelt beziehen. Viele schamanisch Praktizierende reisen sowohl für sich selbst als auch für andere.

Tabelle 14: Reisen zum Zwecke von Informationsgewinnung

Quelle: zitiert aus Ingerman[144]

Mögliche Fragen, die auf Reisen gestellt werden können:
– Auf welchen Bereich meines Lebens soll ich mich konzentrieren? – Wie kann ich meinen Körper heilen? – Wie kann ich meine Beziehung in Ordnung bringen? – Wie sieht mein Leben nach der Veränderung aus? – Wie kann ich mich auf ... vorbereiten? – Was kann ich tun, um Spannungen in Familie oder Arbeitsplatz zu lösen? – Wie kann ich meinem Partner, Angehörigen, Haustier helfen? – Wo soll ich nach einer neuen Wohnung suchen? – Was kann ich tun, um eine neue Arbeit zu finden? – Was werde ich lernen, wenn ich mich für... entscheide? – Was ist die Wurzel meiner Angst oder eines anderen Lebensthemas?

In traditionellen schamanischen Kulturen kümmert sich der Schamane um die spirituelle Dimension des Heilens. Dazu reist er für seinen Klienten in die Nichtalltägliche Wirklichkeit. Die Heilreisen können für vielfältige körperliche (Magenprobleme, Brustkrebs) oder psychische Beschwerden (Depressionen, Ängste, tiefgreifende Verluste) oder auch bei zwischenmenschlichen Problemen mit Kollegen oder Familienmitgliedern durchgeführt werden. In vielen Kulturen arbeiten Schamanen und Ärzte zusammen. Schamanismus arbeitet mit den spirituellen Aspekten der Krankheit. Daher kann er laut Ingerman problemlos mit klassisch medizinischen oder psychologischen Methoden kombiniert werden. Für eine Heilreise ist es erforderlich, sich klar vor Augen zu halten, welche Beschwerden geheilt werden sollen. Eine spezielle Form der Heilreise ist die, zu einem entspannten Ort in der oberen oder der unteren Welt, an dem das Ziel die Erholung ist.[145]

Im Rahmen des Rituals der Heilreise können weitere „Behandlungsinstrumente" zum Einsatz kommen. Beispielsweise Mantren, Lieder, das Einhauchen eines verlorenen oder gestohlenen Seelenteils, Extraktion eines fremden Gegenstandes aus dem Körper, Kräuterkunde, Diäten,

---

144 Vgl. Ingerman (2011), S. 77 f.
145 Vgl. Ingerman (2011), S. 81 ff.

Massagen oder Einrenkungen.[146] Die Heilung durch Zerstückelung ist ein bedeutsames Ritual, was im mystischen Sinne Tod und Wiederauferstehen bedeutet.[147] Auch das Holen eines Krafttieres oder das Herausblasen einer Krankheit können Elemente einer schamanischen Reise sein.[148]

Wie bereits hergeleitet, stellt die schamanische Reise eine Erweiterung des Bewusstseins dar, die willentlich, kontrolliert und bewusst herbeigeführt wird. Um diese Bewusstseinserweiterung zu erreichen, werden unterschiedliche Techniken und Methoden angewendet. Marx beschreibt Hilfsmittel, die den Schamanen dabei unterstützen können, in den schamanischen Bewusstseinszustand zu gelangen. In Abhängigkeit von der jeweiligen Kultur, der Fragestellung und der Person des Schamanen, können diese Techniken von einer leichten Trance bis hin zur Ekstase führen.

Tabelle 15: Techniken zur Bewusstseinserweiterung

Quelle: eigene Darstellung; in Anlehnung an Marx[149]

Am häufigsten angewendet werden:
– Akustische Methoden wie Trommeln, Rasseln, Steine, Klangschalen usw.
– Gesang oder rhythmischer Tanz
– Optische Reize wie Starren in Feuer, Flammen usw.
– Psychoaktive Substanzen wie Ayahuasca im Amazonasgebiet
– Fasten, Isolation in der Wildnis, körperliche oder seelische Prüfungen
– Rituale
– Anlegen der Tracht, Benutzung zeremonieller Gegenstände wie Trommel, Bogen, Amulette oder Kristalle

Der Schamane strebt also den Schamanischen Bewusstseinszustand an, um von der Alltäglichen in die Nichtalltägliche Wirklichkeit zu gelangen. Schamanische Reisen können sich in den drei beschriebenen Welten abspielen. In der Nichtalltäglichen Wirklichkeit sind jedoch sowohl in der oberen als auch in der unteren Welt „ganze Welten" zu entdecken, die sich jeweils in eine Vielzahl von Ebenen oder Zonen

---

146 Vgl. Barve (2013), S. 22.
147 Vgl. Uccusic (2001), S. 84 f.
148 Vgl. Uccusic (2001), S. 97 f.
149 Vgl. Marx (2010), S. 16 f.

unterteilen lassen. Nach Michael Harner haben Schamanen ihre Land-karte im Kopf.[150]

Mülders spricht von einer Seelenentwicklung, die die Menschen in ihren verschiedenen Inkarnationen gemacht haben. Durch eine schamanische Reise kann der Weg in diese Bewusstseins- und Erfahrungs-räume der Menschen wiedergefunden und eröffnet werden. Dabei kann beispielsweise auf unterschiedliche Ebenen des Bewusstseins, auf die Lichtebenen, in vergangene Inkarnationen, in die eigene Sternen-heimat, zu den Ahnen oder den Krafttieren gereist werden.

Um die schamanische Reise präzise darstellen zu können, wurden aus Mülders Vortrag Kategorien abgeleitet. Die nachfolgende Tabelle zeigt neben den möglichen Räumen, in die gereist werden kann, auch die Gründe für die Reisen sowie Empfehlungen für „Reisende" auf.

Tabelle 16: Zusammenfassung der schamanischen Reise

Quelle: eigene Darstellung; Ableitung der Kategorien nach Mülders[151]

Mögliche Räume der Reisen	Gründe für die Reisen	Empfehlung für „Reisende"
– Auf verschiedene Ebenen des Bewusstseins – Auf die Lichtebenen – In vergangene Inkarnationen – In die eigene Sternenheimat – Zu den Ahnen – In Kontakt zu den Krafttieren	– Beleuchtung neuer jedoch längst angelegter eigener Aspekte in neuen Bewusstseinsräumen – Qualitäten können sich als Werkzeuge (z.B. Friedenskugel, Buch des Wissens) zeigen, die tief verbunden sind mit dem eigenen Selbst – Aspekte können als Qualitäten wieder ins Leben gebracht und integriert werden	– Durchdenken der Reise begrenzt die Erfahrung des Wunderbaren und sollte vermieden werden – Öffnung des Herzens, Haltung der Annahme, Wahrnehmen der Gefühle

Im Weiteren werden die Veränderungen auf das menschliche Gehirn betrachtet. Hierzu soll lediglich für das praktische Verständnis ein Überblick über die verschiedenen Bewusstseinszustände illustriert werden, nicht aber eine tiefgehende Auseinandersetzung stattfinden.

Das Gehirn schwingt messbar in unterschiedlichen Frequenzen. Diese Schwingungen stellen die Gehirnwellen dar. Die Ausschläge einer Wel-

---

150 Vgl. Harner (2016), S. 116.
151 Vgl. Mülders (2013), 15'15–20'44, URL: https://www.youtube.com/watch?v=WTs cE-QtKT0&t=13s.

le werden in Sekunden gemessen und als Hertz bezeichnet. Schwingt das Gehirn pro Sekunde einmal über die Null-Linie wird von einem Hertz gesprochen. Die Gehirnaktivität lässt erkennen, in welchem mentalen Zustand sich ein Mensch befindet.[152]

Es gibt fünf verschiedene Gehirnwellenzustände. Einheitliche Aussagen zu den Frequenzen finden sich nicht, weshalb die Angaben in Tabelle 17 als Richtwerte zu betrachten sind.

Tabelle 17: Übersicht Gehirnwellen- und Zustände

Quelle: eigene Darstellung; abgeleitet aus Stöcker[153] und Renner[154]

Gehirnwellen (Richtwerte)	Bewusstsein	Zustand
Gamma-Wellen 31 – 120 Hz	Transzendenz	Hochfokussierte Tätigkeiten, optimale kognitive Funktionen, tiefe Meditation
Beta-Wellen 13 – 30 Hz	Tagesbewusstsein, Wachbewusstsein	Normaler Denkzustand, Zustand des Agierens in der realen Außenwelt z.B. Arbeiten, Laufen, Fahren, Spielen
Alpha-Wellen 8 – 12 Hz	Brücke zwischen Bewusstsein und Unterbewusstsein	Entspannung, Visualisierung, sensorische Bilder, Tagträume, Superlearning
Theta-Wellen 4 – 8 Hz	Unterbewusstsein	Leichter Traumschlaf, tiefe Meditation, Trance, Hypnose
Delta-Wellen 0,5 – 3 Hz	Unbewusstes	Tiefschlaf, Regeneration und Erholung des Körpers

Das Alltags- oder Wachbewusstsein liegt im Beta-Zustand und ist ein schnelles Gehirnwellenmuster. Ein entspannterer und ruhigerer Zustand ist der Alpha-Zustand. Hierbei werden der hohe, der mittlere und der tiefe Alpha-Zustand unterschieden. Alpha hoch entsteht durch Schließen der Augen und äußert sich in Beruhigung. Alpha mittel und tief sind tiefere Entspannungszustände, wie sie beispielsweise bei Autogenem Training oder Progressiver Muskelentspannung vorkommen können. Eine noch tiefere Entspannung zeigt sich im Theta-Zustand, bei dem die Gehirnaktivität stark verringert ist. Diese

---

152 Vgl. Renner (o.J.), URL: https://alexander-renner.com/gehirnwellen-ein-paar-gru ndlagen.

153 Stöcker (o.J.), URL: https://www.hemi-sync.ch/mehr/hemi-sync-fakten/gehirnwe llen/index.php.

154 Renner (o.J.), URL: https://alexander-renner.com/gehirnwellen-ein-paar-grundla gen.

Phase zeigt sich kurz vor dem Einschlafen oder vor dem Übergang in den Delta-Bereich, der sich in Tiefschlaf oder der Bewusstlosigkeit äußern kann.[155]

Schamanisch tätige Menschen können sich bei Wachbewusstsein in den Alpha- oder Theta-Zustand versetzten. Durch das Herbeiführen eines veränderten Bewusstseinszustandes haben sie auf eine größere Datengrundlage Zugriff. Außerdem sind die Schutz- und Kontrollmechanismen weniger stark ausgeprägt bzw. das Gehirn kann auf einen Bereich zugreifen, der im normalen Alltagsbewusstsein nicht zugänglich ist. Bei der Betrachtung der Alltäglichen und der Nichtalltäglichen Wirklichkeit ist laut Marx der Beta-Bereich das Äquivalent zur Alltäglichen Welt. Der Schamane reist bewusst in die Nichtalltägliche Wirklichkeit, also in den Alpha- oder Theta-Zustand in dem sich Systemgrenzen zunehmend auflösen. In diesem großen Meer an Informationen, das auch als Quantenfeld bezeichnet wird, können Strukturen leichter verändert sowie Informationen abgeschöpft werden.[156] Interessant ist, dass nicht der Klient in eine Trance geht, wie bei der westlichen Hypnose, sondern der Schamane für den Ratsuchenden die Reise antritt.[157] Einen Unterschied stellt das schamanische Counseling[158] der FSS dar, bei dem der Klient eigenständig eine schamanische Reise durchführt und dabei vom „Counselor" also dem Berater begleitet wird. Dieser Ansatz wird in Kapitel 6.1 *Beschreibung der Vorgehensweise* sowie im Interview mit Roland Urban näher erläutert.

Zusammenfassend ist das Ziel der schamanischen Reise eine Stärkung des Klienten, die mit dem Schöpfen von Ressourcen oder Informationen verbunden ist. Heil-Reisen zielen zudem darauf ab, einen Ausgleich zu schaffen zwischen dem Zuviel, was dort nicht hingehört oder zu dem Zuwenig, was fehlt, um letztlich zu Kraft und Gesundheit zu gelangen.

---

155 Vgl. Marx (2015), 07'13–08'28, URL: https://www.youtube.com/watch?v=ua3f9Jo
9Fec.
156 Vgl. Marx (2015), 08'34–10'18, URL: https://www.youtube.com/watch?v=ua3f9Jo
9Fec.
157 Vgl. Barve (2013), S. 22.
158 Foundation for Shamanic Studies Europe (2019), URL: https://www.shamanicstu
dies.net/harner-shamanic-counseling/.

4.3 Krankheit und Heilung im Schamanismus

Im Schamanismus bildet die Transzendenz den Urgrund des irdischen Seins. Die Geschicke auf der Erde werden von transzendenten Mächten bestimmt. Tritt eine Krankheit, eine Katastrophe oder anderweitiges Unglück in das Leben, so ist es wichtig, die entsprechende Ursache zu ergründen. Um dies zu erreichen, kommuniziert der Schamane mit den jenseitigen Verursachungsmächten. Nachfolgende Tabelle veranschaulicht das schamanische Krankheitsmodell, das die vier Ebenen Geistbefall, Seelenverlust, Eindringen schädlicher Stoffe und Dysbalancen kennt:

Tabelle 18: Krankheitsmodelle im Schamanismus

Quelle: Eigene Darstellung; zitiert aus Brave[159]

Krankheitsmodelle, die in schamanischen Gesellschaften verbreitet sind:
– Geistbefall (Besetzung durch die Seelen verstorbener Angehöriger)
– Seelenverlust (Diebstahl durch Lebende und Verstorbene oder Trauma)
– Eindringen schädlicher Stoffe (unserer Auffassung von Bakterien ähnlich)
– Dysbalance zwischen Patient, sozialer Umwelt und der Schöpfungsordnung

In der schamanischen Krankheitslehre ist der Seelenverlust die schwerwiegendste Diagnose, da sie die Verletzung des „Wesenskerns" eines Menschen bedeutet. Seelenverlust geht mit Verlust der Lebensessenz einher. Jede Form eines traumatischen Erlebnisses, wie ein Unfall, eine Operation, ein Schock, ein Schreck, ein Schlag, eine Vergewaltigung oder sexueller Missbrauch können ihn auslösen. Damit der Mensch das Trauma überstehen kann, schaltet sich eine Art Schutzmechanismus des Unbewussten ein, wodurch sich ein Teil des Menschen abspaltet und ihn verlässt. Auch durch chronische Angst, dem Verlust von Zugehörigkeit oder dem Gefühl, das Leben hätte keinen Sinn, wird die Lebenskraft des Menschen langfristig angegriffen, wodurch er krank werden kann.[160]

Durch die Reduktion tausender Feldbeobachtungen und unzähliger Überlieferungen auf ihre Essenz entsteht ein simples Modell, das folgende Sicht auf Gesundheit und Krankheit zeigt:

---

159 Vgl. Barve (2013), S. 37 f.
160 Vgl. Barve (2013), S. 38.

Tabelle 19: Modell schamanischer Pathologie

Quelle: eigene Darstellung; abgeleitet aus Uccusic[161]

Krank wird man, wenn	Krank wird man, wenn
man zu viel in sich hat: Fremdkörper, Krankheitsstoff, oder Eindringling	einem etwas fehlt: Kraft beispielsweise
Heilung / Behandlung durch	Heilung / Behandlung durch
den Versuch, den Krankheitsstoff, den Eindringling aus dem Kranken herauszuholen	Ersetzen oder Wiederbeschaffen des Fehlenden: verlorengegangenes Krafttier beispielsweise

Um das Thema oder die Krankheit eines Menschen zu lokalisieren, bedienen sich Schamanen je nach Tradition unterschiedlicher Techniken der Feststellung. Bevor diese erläutert werden, bedarf es der Illustrierung weiterer Modelle und Erklärungsansätze.

Der medizinisch ausgebildete Anthropologe Alberto Villoldo bereiste 25 Jahre lang die Hochländer der Anden und des Amazonas und studierte schamanische Heilpraktiken. Er fand heraus, dass alle Menschen ein Leuchtendes Energiefeld besitzen, das den physischen Körper umgibt und ihn in gleicher Weise beeinflusst. Knapp über der Haut schillern diese Ströme des Lichts, die durch die Akupunktur-Meridiane verlaufen. Dieses Reservoir an Energie ist der Brennstoff des Lebens und für die Gesundheit unerlässlich. Werden die vitalen Reserven im Leuchtenden Energiefeld durch Krankheit, Umweltgifte oder Stress aufgebraucht, ist das menschliche Wohlbefinden ernstlich bedroht. Gesundheit und Vitalität können gestärkt werden, wenn diese grundlegende Energiequelle immer wieder aufgefüllt wird.[162]

Das Leuchtende Energiefeld ist eine unsichtbare Matrix. Sie bestimmt die Anatomie des Körpers. Das bedeutet, dass bei Heilung des Leuchtenden Energiefelds der physische Körper folgt.

---

161 Vgl. Uccusic (2001), S. 86 f.
162 Vgl. Villoldo/Hickisch (2001), S. 64.

Abbildung 4: Leuchtendes Energiefeld

Quelle: eigene Darstellung; übernommen aus Villoldo[163]

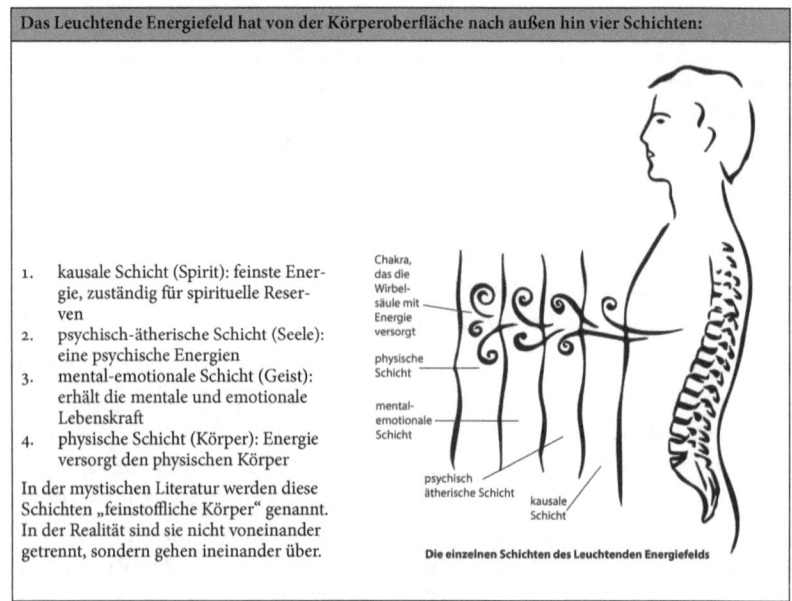

Das Leuchtende Energiefeld hat von der Körperoberfläche nach außen hin vier Schichten:

1. kausale Schicht (Spirit): feinste Energie, zuständig für spirituelle Reserven
2. psychisch-ätherische Schicht (Seele): eine psychische Energien
3. mental-emotionale Schicht (Geist): erhält die mentale und emotionale Lebenskraft
4. physische Schicht (Körper): Energie versorgt den physischen Körper

In der mystischen Literatur werden diese Schichten „feinstoffliche Körper" genannt. In der Realität sind sie nicht voneinander getrennt, sondern gehen ineinander über.

Chakra, das die Wirbelsäule mit Energie versorgt

physische Schicht

mental-emotionale Schicht

psychisch ätherische Schicht

kausale Schicht

Die einzelnen Schichten des Leuchtenden Energiefelds

Villoldo geht davon aus, dass das Leuchtende Energiefeld ein Archiv aller persönlichen Erinnerungen, frühkindlichen Traumata und auch der schmerzlichen Wunden aus früheren Leben enthält. Diese Aufzeichnungen und Eindrücke sind in voller Lebendigkeit und Gefühlsintensität gespeichert. Wie bei einem Computerprogramm werden sie, wenn aktiviert, zu bestimmten Gewohnheiten, Beziehungen, Unfällen oder Krankheiten zwingen, die der ursprünglichen Verletzung entsprechen.

Physische Traumata werden in der äußersten Schicht gespeichert, emotionale Erlebnisse in der zweiten, Seeleneindrücke in der dritten und spirituelle Abdrücke befinden sich in der vierten, der tiefsten Schicht. Die Abdrücke im Leuchtenden Energiefeld bestimmen den Lebensweg. Durch sie werden immer wieder bestimmte Ereignisse, Er-

---

163 Vgl. Villoldo/Hickisch (2001), S. 66 ff. Vgl. auch Erläuterungen zum leuchtenden Energiefeld auf diesen Seiten.

fahrungen und Menschen angezogen. Sie zwingen erneut in schmerzliche Dramen, führen aber auch die Situationen heran, in denen uralte Seelenwunden heilen können.

Die Informationen der Abdrücke im Leuchtenden Energiefeld, können für Gesundheit oder Krankheit sorgen. Abdrücke entstehen dadurch, dass negative Emotionen nach einem seelischen Trauma nicht geheilt werden. Dabei spielt es keine Rolle, ob ein Abdruck in der aktuellen Biographie erworben oder ererbt wurde. Abdrücke können auch über mehrere Generationen vererbt werden. Ist ein Abdruck aktiviert, kann dieser zu Krankheit oder zu Lebenssituationen führen, die dem Betroffenen Leid und negative Emotionen bescheren. Eine Verhaltensänderung ohne Entfernung des Abdrucks ist daher äußerst schwierig. Die Verbindung zwischen der materiellen Welt und dem Leuchtenden Energiefeld stellen die sogenannten Chakren dar, die als Energiezentren eines Menschen gelten.[164]

4.4 Heiliger Raum

Von frühester Kindheit an lernen die Menschen, dass das Heilige im Inneren von Tempeln, Kathedralen oder auch in der Natur wohnt. Dabei stellt sich die Frage, ob die Wände der Kirche sie zu einem heiligen Raum machen, oder ob es die zahlreichen Gebete sind, die dort gesprochen werden.

Schamanen beginnen ihre Arbeit immer damit, dass sie einen heiligen Raum herstellen. In diesem Raum lassen sie den Alltag und sein geschäftiges Treiben hinter sich und bereiten sich auf den Kontakt mit dem Göttlichen vor. Auch kann das Weltliche nicht länger ablenken und alles Tun ist ein geweihter und bewusster Akt. Ein solcher Raum kann überall auf der Erde geschaffen werden.[165]

---

164 Vgl. Villoldo/Hickisch (2001), S. 80 ff.
165 Vgl. Villoldo/Hickisch (2001), S. 184 f.

4.4.1 Medizinrad

Griebert-Schröder stellt in ihrem Buch *Und in der Mitte bist Du heil* die Kraft des Medizinrades vor. Meist ist damit ein Kreis aus Steinen gemeint, der symbolisch für die Himmelsrichtungen und deren Qualitäten steht. In seiner reinen Form gehört das Medizinrad zu den nordamerikanischen Indianerkulturen, ist aber über alle kulturellen Grenzen hinweg ein Symbol für das Leben, die Natur sowie für das Universum und kann vielfältige Formen annehmen.[166] In einem Medizinrad mit seinen vier Quadranten finden sich neben den vier Himmelsrichtungen auch die Tages- und Jahreszeiten, die Mondzyklen und die Ursymbole der Natur.[167] Durch die Materialisierung, beispielsweise in einem Steinkreis, entsteht ein heiliger Raum, der für Rituale und Zeremonien nutzbar ist, da er das Nichtalltägliche einlädt.[168]

Abbildung 5: Medizinrad

Quelle: eigene Darstellung; übernommen aus Griebert-Schröder[169]

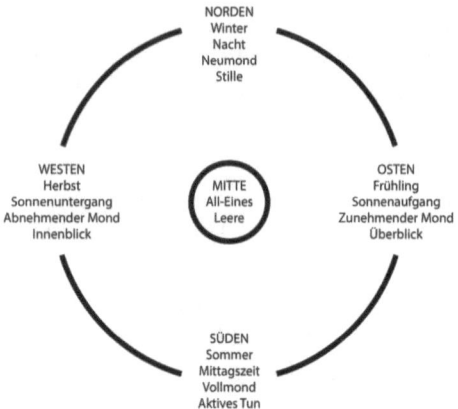

NORDEN
Winter
Nacht
Neumond
Stille

WESTEN
Herbst
Sonnenuntergang
Abnehmender Mond
Innenblick

MITTE
All-Eines
Leere

OSTEN
Frühling
Sonnenaufgang
Zunehmender Mond
Überblick

SÜDEN
Sommer
Mittagszeit
Vollmond
Aktives Tun

---

166 Vgl. Griebert-Schröder (2011), S. 16 und S. 29.
167 Vgl. Griebert-Schröder (2011), S. 20 ff.
168 Vgl. Griebert-Schröder (2011), S. 17.
169 S. Griebert-Schröder (2011), S. 99.

Die Grundlage für die Schaffung eines heiligen Raumes auf schamanische Weise bilden die vier Quadranten des Medizinrades. Griebert-Schröder beschreibt, dass durch das Einladen der vier Himmelsrichtungen die Kräfte des Südens, des Westens, des Ostens und des Nordens herbei gebeten werden. Darüber hinaus werden die Kräfte des Himmels und der Erde eingeladen, wodurch das Energiefeld einer Kugel um einen herum entsteht (siehe Abbildung 5). Dieser Raum ist ein Heilraum, in dessen Mitte das Folgende dann zum Wohle des Klienten, der Gruppe oder des Projektes stattfinden kann.[170]

Das Öffnen des heiligen Raumes bezieht sich im Schamanismus der Anden auf das Einladen der archetypischen Kräfte des Universums.[171] Eine Anrufung, die Elemente enthält, wie auch amerikanische Ureinwohner sie nutzen, wurde von Alberto Villoldo entwickelt. Sie wird exemplarisch vorgestellt, da sich dieses Gebet auch in Europa bei vielen schamanisch Tätigen etabliert hat.

Tabelle 20: Gebet zur Schaffung eines heiligen Raumes

Quelle: übernommen aus Villoldo[172]

Anrufung
An die Winde des Südens – Große Schlange,
leg deinen Körper aus Licht um uns.
Lehre uns, die Vergangenheit wie eine Haut abzustreifen
und behutsam auf der Erde zu wandeln.
Zeig uns den Weg der Schönheit.
An die Winde des Westens – Mutter Jaguar,
beschütze diesen Ort der Heilung.
Lehre uns den Weg des Friedens und des richtigen Lebens
und weise uns den Weg über den Tod hinaus.
An die Winde des Nordens – Kolibri,
Großmütter und Großväter, die ihr uns vorangegangen seid,
kommt und wärmt eure Hände an unseren Feuern.
Flüstert zu uns im Wind.
Wir ehren euch, die ihr vor uns gekommen seid,
und euch, die ihr nach uns kommt,
als Kinder unserer Kinder.
An die Winde des Ostens – Großer Adler, Kondor,
komm zu uns vom Sonnenaufgang
und nimm uns unter deine Flügel.

---

170 Vgl. Griebert-Schröder (2011), S. 45.
171 Vgl. Obermaier (2013), 12'43–12'48, URL: https://www.youtube.com/watch?v=F glDOeetN-0.
172 Vgl. Villoldo/Hickisch (2001), S. 183 f.

Zeige uns die Berge, von denen wir nur zu träumen wagen,
und lehre uns, an der Seite des Großen Spirits zu fliegen.
Mutter Erde,
wir sind hier versammelt, um all deine Kinder zu heilen.
Die Stein-Menschen, die Pflanzen-Menschen.
Die Vierbeiner, die Zweibeiner, die krabbelnden Kriecher.
Die mit Schuppen, die mit Fell und die mit Federn.
Alle, mit denen wir verbunden sind.
Vater Sonne, Großmutter Mond, an die Nation der Sterne.
Großer Spirit, du hast unzählige Namen
Und du bist der namenlose Eine.
Wir danken dir, dass du uns zusammengeführt hast
Und uns erlaubt, das Lied des Lebens zu singen.

4.4.2 Vier Wahrnehmungsebenen

Bei der Anrufung zur Öffnung des heiligen Raumes, wird jede Him-
melsrichtung einer archetypischen Kraft des Universums zugeordnet.
Im Süden wird die Schlange, im Westen der Jaguar, im Norden der
Kolibri und im Osten der Adler angerufen. Diese Kräfte werden wiederum einer Ebene der vier feinstofflichen Körper zugeordnet. Jede
dieser Ebenen stellt außerdem eine Wahrnehmungsebene dar, die der
Schamane betrachtet. Der heilige Raum befindet sich in der Mitte.

Tabelle 21: Heiliger Raum und vier Wahrnehmungsebenen

Quelle: abgeleitet aus Obermaier[173] und Obermaier[174]

	Himmelsrichtung Norden o Archetyp Kolibri o Steht für: Evolution, Heldenreise o seelisch-mythische Ebene o Sprache: Mystik, Bilder, Poesie, Magie	
Himmelsrichtung Westen o Archetyp Jaguar o Steht für: Gesetz der Entropie, Chaos und Ordnung, Tod-Leben-Prinzip o mental-emotionale Ebene o Sprache: „gesprochenes Wort" o Psychotherapie	**Heiliger Raum**	**Himmelsrichtung Osten** o Archetyp Adler o Steht für: Vision, großer Weitblick und Klarheit o energetische Ebene o Sprache: Reiner Spirit
	Himmelsrichtung Süden o Archetyp Schlange o Steht für: Gravitation, bindendes Prinzip, o physische Ebene o Sprache: Instinkte, autonome Funktionen o Schulmedizin	

---

173 Vgl. Obermaier (2013), 22'34–25'58, URL: https://www.youtube.com/watch?v=FglDOeetN-0.

174 Vgl. Obermaier (2018), 08'30–12'22, URL: https://www.youtube.com/watch?v=cIoX4RX86uY&t=1217s.

Die physische Ebene der Wirklichkeit wird durch die Schlange verkör-
pert, die weder fühlt noch denkt, sondern rein instinktiv reagiert. Die
Schlange tötet ohne Erbarmen. Sie verdaut, schlängelt sich dahin und
ruht. Die Schlange plant weder ihren Weg noch ihre Jagd. Sie tut das,
was nötig ist, jedoch rein instinktiv. Auf der physischen Ebene der
Schlange entstehen keine Gedanken, Gefühle oder Metaphern. Alles
ist genauso, wie es aussieht. Ein Stein ist ein Stein. Eine Drohung ist
eine Drohung. Eine Mahlzeit ist eine Mahlzeit. Instinkte können gute
Führer sein, daher kann die Bewusstseinsstufe der Schlange hilfreich
sein. Mit dem scharfsinnigen Gewahrsein der Schlange können Gefahren und Chancen in der physischen Welt eingeschätzt werden. Die
Intuition kann dabei helfen, eine Situation einzuschätzen und spontan
zu tun, was getan werden muss.[175]

Der Jaguar gilt im Amazonasgebiet als Hüter und Wächter des Regen-
waldes. Der Jaguar lebt frei von Angst und hat keine natürlichen
Feinde. Er kann Situationen in einem einzigen Augenblick verändern,
er tötet blitzschnell und gilt als der beste Jäger. Weil er verspielt
ist, die Welt neugierig erkundet und seine Jagd plant, ordnen die
Schamanen dem Jaguar die Gedanken und Gefühle zu. Auf dieser
Ebene produziert das Gehirn Alphawellen. Wie bereits erläutert, werden diese mit Meditation, Entspannung oder dem luziden Träumen
beim Aufwachen und Einschlafen in Verbindung gebracht. Auf der
mental-emotionalen Ebene wird darüber nachgedacht, wie Visionen
verwirklicht werden können. Pläne werden erstellt und wieder verändert. Handlungen auf der Bewusstseinsstufe des Jaguars helfen bei der
Verwirklichung von Träumen, da Absichten mithilfe von Verstand und
Gefühlen umgesetzt werden.[176]

Der Kolibri fliegt alljährlich vom Norden der Vereinigten Staaten und
aus Kanada bis nach Südamerika, daher symbolisiert er den Reisenden.
Der Kolibri konzentriert sich nicht darauf, was auf dem 800 Kilometer langen Flug über das Meer schiefgehen könnte. Er tritt die Reise
an und findet auf seinem Weg ganz von selbst die Blüten, die den
Nektar für ihn bereithalten. Auf dieser Wahrnehmungsstufe befindet
sich auch jeder Mensch auf seiner eigenen Reise. Dabei geht es nicht

---

175 Vgl. Villoldo (2009), S. 135 f.
176 Vgl. Villoldo (2009), S. 134 f.

um die Einzelschicksale der Menschen, sondern darum, dass sich jeder Mensch auf seine eigene Erkundungstour begeben kann. Durch die Bewusstwerdung der eigenen Talente und der spirituellen Natur kann eine schönere Welt ins Dasein geträumt werden. Die Wahrnehmungsstufe des Kolibris wird dem Herzen und der Seele zugeordnet. Die Seele weiß, dass in ihr der Spirit wohnt. Auf dieser Ebene wird Abstand vom Problem genommen, man stellt sich statt dessen vor, wie ein optimales Leben aussehen könnte. Hier wird klar, dass Probleme Chancen sind und die Absicht formt die Wirklichkeit. An diesem Ort entsteht der Zugriff auf die Gaben des Herzens und der Seele. Der Bewusstseinsstufe des Kolibris entsprechen die Thetawellen im Gehirn, die durch leichten Schlaf, beim Träumen oder beim monotonen Fahren auf der Autobahn generiert werden. Dieser Zustand ist ein äußerst kreativer, der reich an Metaphern, Bildern sowie tiefem Begreifen ist und der es ermöglicht, Absichten durch Visualisierungen zu lenken.[177]

Der Adler symbolisiert die höchste Wahrnehmungsstufe auf der sowohl das Gesamtbild als auch die Details erkannt werden können. Der hochschwebende Adler kann kilometerweit sehen und zeitgleich eine Maus auf dem Boden spotten, herabstoßen und sie ergreifen. Auf dieser Ebene spürt auch der Mensch, dass er ein Teil der allsehenden und allwissenden göttlichen Kraft ist. Auf der Stufe des Adlers ist es möglich, in die Vergangenheit und Zukunft zu blicken. Diese Ebene ist das Reich des Spirits und der noch nicht manifestierten Schöpfung. In diesem Zustand, der auch als Traumzeit bezeichnet wird, befindet man sich in Vergangenheit, Gegenwart und Zukunft zugleich. Man ist jenseits der Zeit, alles ist möglich und man weiß Dinge, die man bei normalem Bewusstsein nicht wissen kann. Das Adlerbewusstsein ist die höchste Wahrnehmungsstufe, in dessen Zustand der Mensch vorwiegend Deltawellen produziert. Wie beschrieben erzeugt das Gehirn im traumlosen Tiefschlaf Deltawellen, da dies ein Zustand jenseits von Worten und Bildern ist. Im Buddhismus wird dieser Zustand als „Leere" bezeichnet. Als „Ort der Stille" wird er von den Erdenwächtern benannt. Im Bewusstsein des Adlers kann man erkennen, was vor sich geht, bewertet es aber nicht als „Problem", sondern es wird die gesamte Umgebung wahrgenommen und verstanden, wie die Natur

---

177 Vgl. Villoldo (2009), S. 132 ff.

mit sich selbst interagiert. Auf dieser Ebene wird dem Menschen klar, dass er untrennbar mit allem verbunden ist und in diesem Zustand der Verschmelzung gibt es nichts in Ordnung zu bringen. Alles ist ein Teil dessen, „was ist" und es existieren keine Grenzen zwischen Mensch, Spirit und Schöpfung.[178]

Villoldo beschreibt, dass man sich diese vier Bewusstseinsebenen als Energiekörper wie russische Matroschka-Puppen vorstellen kann. Die leichteste Ebene mit der schnellsten Schwingung hüllt dabei die Dichteren ein. Der Energiekörper des Spirits umschlingt den Menschen und entspricht der Wahrnehmungsstufe des Adlers. Die Seele ist das Leuchtende Energiefeld, das als Bauplan für Gedanken, Gefühle und den physischen Körper dient. Das Leuchtende Energiefeld umgibt den mentalen und emotionalen Körper. Im Zentrum befindet sich die Energie des physischen Körpers. Der Spirit erschafft also die Seele. Die Seele bringt Verstand, Gefühle und Persönlichkeit hervor. Diese wiederum formen den Körper nach ihrem Abbild.[179]

Indigene Schamanen haben früh entdeckt, wie das Bewusstsein jenseits der aktiven Filter gesteuert und die unterschiedlichen Wahrnehmungsebenen getrennt voneinander gelesen werden können.[180]

In der praktischen Arbeit gibt es das Mittel, sich einen Menschen auf den vier Wahrnehmungsebenen anzusehen, konkreter könnte dies auch als Vierkörpersystem bezeichnet werden. Der schamanisch Praktizierende spürt strikt innerhalb jeder Wahrnehmungsebene auf. Dabei wird die Frage gestellt, wie sich ein Thema im physischen, wie im mental-emotionalen, wie im seelisch mythischen und wie im energetischen Körper zeigt. Obermaier zitiert in Bezug auf diese Arbeitsweise eine Lehrerin, die ihr den Satz „We are tracking form the high-place, not from the I-place" mitgab, was so viel bedeutet, wie auf einer höheren Ebene zu arbeiten und nicht auf der eigenen Ego Ebene. Durch die strikte Trennung der vier Wahrnehmungsebenen kann das Ego

---

178 Villoldo (2009), S. 129 ff.
179 Vgl. Villoldo (2009), S. 137.
180 Vgl. Obermaier (2018), 2'50–3'12, URL: https://www.youtube.com/watch?v=cIoX 4RX86uY&t=1217s.

umrundet werden, was entlastend sein kann, da sich der Schamane dadurch selbst aus der Gleichung nimmt.[181]

Die Beschreibungen zu den Krankheitsmodellen und Behandlungsweisen sowie zum heiligen Raum mit den vier Wahrnehmungsebenen und Archetypen zeigen die Vielfalt des schamanischen Tätigkeitsspektrums. Schamanische Praktiken sind hochkomplexe und fundierte Vorgänge die auf klaren Prinzipien beruhen. Die skizzierten Ansätze stellen einen Auszug dessen dar, was in der schamanischen Praxis vorkommen kann.

---

181 Vgl. Obermaier (2013), 13'36–16'16, URL: https://www.youtube.com/watch?v=F
glDOeetN-0.

5 Schamanismus in der westlichen Welt

Schamanismus stößt bei den Ansprüchen und den Prinzipien der westlichen Wissenschaft auf diverse Wiedersprüche. Die vorangegangenen Kapitel stellen ausführlich dar, dass schamanisches Wissen teilweise mündlich überliefert wurde, auf Erfahrungen beruht und über Jahrtausende gewachsen ist.

In diesem Kapitel wird beleuchtet, welche wissenschaftlichen Erkenntnisse bezüglich Schamanismus allgemein sowie Schamanismus in Beratungsverfahren vorliegen und welche kritischen Stimmen sich wie äußern.

5.1 Schamanismus und Wissenschaft

Eine bedeutende Institution im Bereich Schamanismus und Wissenschaft ist die Foundation for Schamanic Studies. Die gemeinnützige Organisation widmet sich, wie bereits dargestellt, der Erhaltung, Erforschung und Weitergabe schamanischen Wissens.[182]

Die akademischen Wissenschaften basieren laut Roland Urban, Geschäftsführer der europäischen Sektion, auf den üblichen fünf Sinnen und klassisch empirischen Herangehensweisen, während schamanische (Forschungs-)Arbeit in einem veränderten Bewusstseinszustand, durch unmittelbare Erfahrung und Konsultation geistiger Wesen stattfindet. Human- und Gesundheitswissenschaften stellen Wesentliches zur irdischen Existenz zur Verfügung, während der Schamanismus Informationen offenbart, die der Geburt voran- und über den Tod hinausgehen. Die Stärke der Naturwissenschaften liegt neben ihren präzisen Instrumenten in der konkreten Beschreibung der physikali-

---

182 Foundation for Shamanic Studies Europe (2019), URL: https://www.shamanicstu dies.net/fakultaet/.

schen Natur. Dass Geister real sind, ist transkulturell und über die Zeit überprüft – darüber hinaus wurde bis jetzt wissenschaftlich noch nicht bewiesen, dass sie nicht existieren. Urban plädiert dafür, dass Naturwissenschaft sich nicht mit der Frage beschäftigen sollte, ob Geister real sind, sondern deren Existenz, Wirksamkeit und Nutzen untersuchen sollte. Wissenschaft ist dann am besten, wenn sie sich darauf konzentriert, verschiedene Entwürfe und Realitäten zu skizzieren und zu verstehen. Bei einer wissenschaftlichen Erforschung des Schamanismus müsste der Mensch als bio-psycho-sozio-spirituelles Wesen begriffen werden und die Realität der Geister zumindest als Potenzialität akzeptiert werden. Darüber hinaus sollte das ureigenste Charakteristikum der Wissenschaft angewendet werden, nämlich vermeintlich Unbekanntes zu ergründen und auch jenen Dingen eine Sinnhaftigkeit zu verleihen, die auf den ersten Blick nicht mit dem aktuell gültigen Paradigma konform erscheinen.[183]

Weitere Informationen zum Thema *Schamanismus und Wissenschaft*[184] wurden in der gleichnamigen Publikation der FSS herausgegeben, die im Jahre 2016 zum Fachtag mit selbigem Titel erschienen ist. Im Jahre 2018 erschien die Publikation *Schamanismus und Ökologie*[185], die ebenfalls das Begleitwerk zum gleichnamigen Fachtag bildet.

In 2007 wurde in Zusammenarbeit mit der FSS und der *Gruppe 94* eine Ärztlich-Schamanische Ambulanz in Wien eingerichtet. Die Gruppe 94 wurde im Jahre 1994 von Krebsbetroffenen und psychoonkologisch Tätigen gegründet. Seitdem wird eine kostenlose Beratungsstelle für Krebsbetroffene geführt, die, ihnen einen erweiterten Zugang zu Behandlung und Bewältigung ihrer Erkrankung ermöglicht. Im Zentrum für ganzheitliche Krebsberatung[186] werden die Betroffenen von einem Arzt über ergänzende komplementäre Ansätze aus dem medizinischen Bereich beraten, die in der Therapie noch nicht berücksichtigt wurden. Der schamanisch Tätige erläutert die Möglichkeiten zur Hilfe nach dem schamanischen Weltbild. Auf Wunsch des

---

183 Vgl. Urban (2016), S. 23 ff.
184 Vgl. Urban/Hirsch (2016).
185 Urban/Laurent (2018).
186 Vgl. Zentrum für ganzheitliche Krebsberatung e.V. (o.J.), URL: https://www.grup pe94.at/asa/.

Erkrankten kann im Anschluss an das kostenfreie Beratungsgespräch eine schamanische Intervention durchgeführt werden, die ebenfalls kostenlos ist.

Im Rahmen dieses Forschungsprojektes verpflichten sich die Patienten dazu, vor und nach der schamanischen Intervention sowie drei Monate später Fragebögen auszufüllen, die der Begleitforschung dienen, sowie an einem kurzen strukturierten Interview teilzunehmen. Eine Studie mit 50 Patienten ergab zusammenfassend, dass die schamanischen Interventionen durchgehend als angenehm erlebt wurden. Rückblickend erlebten die behandelten Patienten das kostenlose Angebot weitgehend als hilfreich, den gewählten komplementären Weg mit der Krankheit fortzusetzen oder fanden durch dieses spezifische Angebot Anregungen zu einem ergänzenden Umgang mit ihrer Krankheit.

Die Synergie der Ärztlich-Schamanischen-Ambulanz ist der Wechsel der Aufmerksamkeit auf den Aspekt der Gesundheit, anstatt im Kranksein verhaftet zu bleiben. Die unterschiedlichen Zugänge der verschiedenen Therapien, wie Schulmedizin, Komplementärmedizin, Psychotherapie, Entspannungstraining und spirituelle Heilwege, können helfen, den „gesunden Kern" des Patienten zu stärken und Kräfte für die Heilung freizusetzen.[187]

Clemens Kubys Werk *Unterwegs in die nächste Dimension*[188] erzählt die Geschichte einer Reise zu Heilern und Schamanen auf der ganzen Welt. Das Buch, das 2003 erstmals erschien, knüpft an den gleichnamigen Dokumentarfilm an, für den Kuby zwei Jahre recherchierte. Durch eine Querschnittlähmung begann Kuby bereits vor den Recherchen zu Buch und Film, sich mit den Kräften der Seele und der Selbstheilung zu beschäftigen. Durch einen Bewusstseinswandel und eine radikale Veränderung seines Lebens bildete sich die Querschnittslähmung zurück. Kuby plädiert dafür, dass geistiges Heilen in der westlichen Gesellschaft einen Platz neben der Schulmedizin bekommt. Dennoch beschreibt er auch, dass Schamanen keine Wunderheiler sind und macht deutlich, dass ein Schamane nur dann heilen kann, wenn der Mensch dazu bereit ist, denn letztendlich heilt der Mensch sich selbst.

---

187 Pohler u. a. (2009), URL: https://www.shamanicstudies.net/wp-content/uploads/2017/12/A%CC%88rztlich-Schamanische-Ambulanz-Wien-2.pdf.
188 Kuby (2008).

Kuby betont, dass der Mensch krank wird, weil er falsch lebt und jeder Schmerz eine Botschaft mitbringt. Folglich muss Heilung immer mit einer Auseinandersetzung und Änderung der eigenen Lebensweise einhergehen.

Die Methodik in Kubys Werk besteht aus Feldforschungsarbeit und teilnehmender Beobachtung, da Kuby die Schamanen befragte, sich ihre Arbeit erläutern lies und teilweise auch mit ihnen lebte. Allerdings sind die Aufzeichnungen, welche Tagebucheinträgen gleichen, durch Kubys persönliche Gedankengänge und Haltungen angereichert und geprägt. Ziel dieses Werks ist es, der breiten Masse die Phänomene des Schamanismus näherzubringen und anzuregen, wie Heilung gelingen kann, was Kuby durch zahlreich angeführte Beispiele als gelungen darstellt.

Eine Feldstudie über den *Schamanismus in Deutschland*[189] wurde von Gerhard Mayer im Auftrag des Institutes Grenzgebiet der Psychologie und Psychohygiene e.V. durchgeführt und im Jahre 2003 veröffentlicht. Es werden Konzepte, Praktiken, Erfahrungen, Grenzüberschreitungen und Beiträge zur wissenschaftlichen Erforschung außergewöhnlicher Erfahrungen und Phänomene eruiert. Die Untersuchung hatte das Ziel, ein genaueres Bild von der als heterogen vermuteten Schamanismus-Szene im deutschsprachigen Raum zu gewinnen. Bei der Sichtung der Szene wurde zum einen die Frage gestellt, welche Leute sich als Schamanen oder Neo-Schamanen bezeichnen und sich dieser Szene zuordnen. Zum anderen wurde der Frage nachgegangen, welche Angebote es im Feld der Esoterik- und New Age-Bewegung gibt, die sich dem Label „Schamanismus" zuordnen. Des Weiteren wurden sieben Tiefeninterviews mit schamanisch Praktizierenden geführt. Im Rahmen der Interviews wurden die Vorgeschichte und der Werdegang der Interviewpartner erhoben. Die Interviewfragen gingen weiter auf die Angebote der Praktizierenden sowie auf die spezifischen Settings ein und fragten ab, ob die Tätigkeit haupt- oder nebenberuflich ausgeübt wird. Das Weltbild der Befragten, etwaige Widersprüche, bekannte Krankheits- oder Heilungsmodelle sowie die Nichtalltäglichen Bewusstseinszustände und Phänomene wurden ebenfalls eruiert.

---

189 Mayer (2003).

Diese wissenschaftliche Dokumentation der Studie beschäftigt sich auch mit den kritischen Argumenten des Neo-Schamanismus. Anzuführen ist hier die Frage, wie die ethische Haltung in Bezug auf schamanische Fernbehandlungen zu sehen ist, wenn die betroffene Person nichts davon weiß und die Wirksamkeit einer solchen Behandlung nicht ausgeschlossen werden kann. Allerdings werfen Kritiker den Neo-Schamanischen Praktiken Wirkungslosigkeit und den Praktizierenden Scharlatanerie vor. Ein weiteres Argument der Kritiker besteht darin, dass sie Neo-Schamanen den Vorwurf machen, diese würden Traditionen aus ihrem Kontext herauslösen sowie die indigene Spiritualität vermarkten und ausbeuten. Dadurch würden diese entwertet und mit diversen anderen esoterischen Elementen angereichert und vermischt.[190]

Das Werk von Karin Barve *Neo-Schamanismus: Heilkunst oder Scharlatanerie*[191] dient der Auseinandersetzung mit dem Phänomen Neo-Schamanismus. Es handelt von den sozialen und psychischen Wirkungslogiken neo-schamanischer Heilrituale und wurde im Jahr 2013 veröffentlicht. Zwischen den Befürwortern, die schamanischen Ritualen Wirksamkeit zuschreiben und den Kritikern, die den Neo-Schamanismus als Scharlatanerie abtun, hat Barve eine Blindstelle in der Schamanismusforschung ausfindig gemacht. Sie untersucht in ihrer Dissertation wie schamanische Praktiken funktionieren, genauer, wie ihre Wirkmechanismen und Wirkungslogiken beschaffen sind.

Die zwei folgenden Studien wurden im Rahmen dieser Arbeit nicht herangezogen, sollen aber kurz illustriert werden, da sie ein umfassenderes Bild der Forschungstätigkeiten zum Thema Schamanismus ergeben.

Heiko Grünwedel befragte Austauschprozesse zwischen den Kulturen nach ihren Konsequenzen für die Religionswissenschaft. *In Schamanismus zwischen Sibirien und Deutschland*[192] zeigt er Interaktionsprozesse des postsowjetischen Schamanismus und der schamanischen Praxis in Deutschland.

---

190 Vgl. Mayer (2003), S. 121.
191 Barve (2013).
192 Grünwedel (2013).

Mirko Uhlig geht in *Schamanische Sinnentwürfe*[193] der Frage nach, auf welche Weise und mit welchen Zielen alternative Sinnentwürfe genutzt werden. Er bezieht sich in seiner Studie auf den Gegenwartsschamanismus in der Eifel. In seinem Buch hat er zahlreiche biographische Interviews aufbereitet und ausgewertet.

Für die Erstellung dieser Masterthesis war es erforderlich, eine breite Masse an Literatur zu beschaffen. Die Sichtung der Schamanismusliteratur ergab innerhalb dieses Spektrums deutliche Unterschiede in der qualitativen Ausgestaltung. Zur Aufbereitung der schamanischen Kosmologie in den ersten Kapiteln war sowohl eine Auseinandersetzung mit populärer als auch wissenschaftlicher Literatur erforderlich. Die wissenschaftlich geprägten Ansätze auf die in der Einleitung und in den vorangegangenen Kapiteln eingegangen wurde, werden an dieser Stelle nicht noch einmal aufgeführt. Die Studien, Erkenntnisse und die Literatur, die im aktuellen Kapitel vorgestellt wurden, stellen einen ergänzenden Überblick dar und skizzieren den Forschungsstand.

5.2 Integration von Schamanismus

5.2.1 Altes Wissen in der modernen Welt

Das befremdliche Verhalten, welches Schamanen während ihrer Arbeit zeigen, beispielsweise das Eintreten in veränderte Bewusstseinszustände, visionieren oder mit Geistern kommunizieren, kann für Menschen mit einem abendländischen Hintergrund auf den ersten Blick nicht greifbar erscheinen. Es überrascht also nicht, dass der Schamanismus im Urteil westlicher Psychiater, Psychologen und psychoanalytisch ausgerichteter Anthropologen oft negativ bewertet wurde. Allerdings sind manche schamanischen Techniken westlich-therapeutischen Techniken ähnlicher Art um Jahrtausende voraus gewesen.[194] Die Arbeit mit schamanischen Techniken geht nach heutigem Wissen

---

193 Uhlig (2016).
194 Vgl. Walsh (1992), S. 15 ff.

allen bekannten Religionen, Philosophien sowie der Psychologie voraus.[195]

Schamanisches Denken und schamanische Praxis sind auch bei uns –
in der Mitte der „modernen" Gesellschaft angekommen. Dies drückt
sich in steigenden Zahlen schamanisch praktizierender Menschen
ebenso aus, wie in einer Zunahme an Publikationen und wissenschaftlicher Forschungsprojekte zum Thema.[196]

Dieses Interesse an dem ökologischen, heilerischen und spirituellen
Wissen der traditionellen Schamanen hat den Grund, dass viele traditionelle Schamanen sich der westlichen Welt öffnen und ihr Wissen
in Kursen, Ausbildungen und Einzelbehandlungen weitergeben. Ein
weiterer Grund für das derzeitige Interesse an Schamanismus sind
auch die neuen Erkenntnisse u.a. der Quantenphysik, Bewusstseins-
forschung, Neurobiologie und Informationsmedizin, die teilweise er-
staunliche Parallelen zum schamanischen Verständnis der Wirklichkeit zeigen.[197]

Wie bereits eruiert, ist Schamanismus eine Sammlung uralter Heiltechniken. Heilung steht eng in Zusammenhang mit dem Begriff Gesundheit, den die Weltgesundheitsorganisation (WHO) 1948 als Zustand
des vollkommenen physischen, psychischen und sozialen Wohlbefin-
dens definierte und nicht nur als Abwesenheit von Krankheit. Weiter
wird Gesundheit als allgemeines Wohlbefinden, als Einheit von Körper
und Geist, als Leistungsfähigkeit oder als psychische und soziale Integrität verstanden.[198]

Im *Handbuch für Ethnotherapien* führt Müller-Ebeling aus, dass außereuropäische Heilsysteme kulturübergreifend das Konzept der Einheit
von Körper, Geist und Seele verbindet und sie den Patienten im Kontext von Familie, Gesellschaft, Natur und Kosmos sehen.[199]

Damit orientieren sich außereuropäische und westlich alternative
Heiltechniken an der Definition von Gesundheit im Sinne der WHO

---

195 Vgl. Marx (2010), S. 8.
196 Vgl. Urban/Hirsch (2016), S. 6.
197 Vgl. Marx (2010), S. 20.
198 Vgl. Brockhaus Enzyklopädie Online (2020), URL: https://brockhaus.de/ecs/enzy
   /article/gesundheit.
199 Vgl. Müller-Ebeling (2002), S. 13 f.

und bedienen sich somit eines holistischen Ansatzes, der die Komponenten Körper, Geist und Seele umfasst.

Der körperliche Aspekt dürfte wohl allgemein verständlich sein, denn dieser ist klar erkennbar. Der Körper ist das Vehikel, das der Mensch bewohnt und mit dem er durch sein Leben geht. Nach Bader verleiht die Seele dem Menschen seine Persönlichkeit. „In der Person sind Seele und Leib eins. Die Seele braucht den Leib, um sich bewusst zu machen, um wahrgenommen zu werden und sich mitzuteilen."[200] Der Geist verleiht der Seele die Fähigkeiten, etwas zu bilden oder zu machen, kreativ zu sein, andere zu verstehen, sich selbst bewusst zu sein, Vergangenes zu erinnern, die Zukunft zu planen, also kurz gesagt, zu denken.[201]

Was die Seele genau ist, welche Fähigkeiten ihr zu eigen sind, ob sie unabhängig existiert oder ein Teil des Körpers ist – und wo im Körper sie sitzen mag: Seit mehr als 3.000 Jahren fragen Menschen schon danach und immer noch sind diese Fragen ungeklärt.

Experten und Wissenschaftler haben sich mit zentralen Fragestellungen der Abteilung „Psycho" beschäftigt und Antworten für die Praxis im *Kursbuch Seele*[202] zusammengetragen. Seelische Bewegung kann sich demnach in Freude, Nachdenklichkeit, Angst oder Abscheu ausdrücken. Gefühle können an Gesichtsausdruck und Körperhaltung abgelesen werden. Seelische Vorgänge sind beschreibbar, doch die Seele selbst lässt sich nicht fassen, messen oder mit wissenschaftlichen Methoden beschreiben. Mit Seele verbinden viele Menschen Mystisches und Religiöses, daher hat sie einen Platz in der Philosophie, Kunst und Literatur. Weiter wird die Seele mit Gefühl, Romantik, Unbewusstem, Übersinnlichem und Göttlichem assoziiert. Wird nach dem Sitz der Seele gefragt, sprechen die meisten Menschen vom Brustraum, dem Herzen oder dem Bauch.

Der Begriff Seele ist weitgehend von dem verdrängt worden, was Psychologie, Psychiatrie und Psychotherapie betrachten und behandeln – von der „Psyche". Geisteswissenschaftler und Religionsforscher

---

200 S. Bader (2002), S. 5, URL: http://baderbuch.de/seele/Anatomie_der_Seele.pdf.
201 Vgl. Bader (2002), S. 13, URL: http://baderbuch.de/seele/Anatomie_der_Seele.pdf.
202 Federspiel/Lackinger Karger (1996).

beschäftigen sich bis heute mit der Natur der Seele. Die Psychologie schließt religiöse und philosophische Betrachtungs- und Beschreibungsformen der Seele aus. Sie legt den Fokus auf die Beschreibung der Seelenbewegung und erläutert in wissenschaftlicher Weise das Miteinander menschlicher Körperprozesse, Lebenserfahrungen und Einflüsse der Umgebung auf den Menschen. Die Psyche wird im Kopf lokalisiert, wo sie Gedanken beeinflusst und mit Umdenken, Verhaltenstraining und Medikamenten beeinflusst werden kann. Obwohl die Psyche ebenso ungreifbar ist wie die Seele, scheint sie auf dieser Weise eher beschreibbar. Die Begriffe Seele und Psyche beschreiben aber genau genommen dasselbe.[203]

5.2.2 Kritische Stimmen und Fürsprecher

Die WHO hat Anfang der 1980er Jahre Schamanismus zur Behandlung psychischer und psychosomatischer Beschwerden der westlichen Medizin gleichgestellt.

Rituale in nativen Kulturen waren ursprünglich zweckgerichtete magische und religiöse Handlungen mit einem bestimmten Ziel. Beispielsweise sollte es regnen, die Ernte sollte gut ausfallen, jemand sollte geheilt oder Jugendliche in die Erwachsenenwelt eingeführt werden. Werden Rituale aus ihrem ursprünglichen Kontext gerissen, haben sie ihren Sinn verloren und verkommen zu Hokuspokus.

Die Suche „zivilisationsgeschädigter" Menschen nach ihrem „eigentlichen Wesen" spiegelt sich nach Federspiel und Lackinger in zahlreichen neoschamanischen Angeboten und Workshops wider. Kritisch anzumerken ist jedoch, dass teilweise willkürlich zusammengestellte Rituale aus verschiedenen Traditionen in neo-schamanischen Heilprogrammen angeboten werden und wenige Anbieter über eine traditionelle Ausbildung bei einem Medizinmann oder eine fundierte psychotherapeutische Ausbildung verfügen. Rituale wie beispielsweise der Feuerlauf oder die Schwitzhütte können dabei für körperlich oder psychisch labile Menschen nicht ohne Risiko sein. Etwaige Probleme

---

203   Vgl. Federspiel/Lackinger Karger (1996), S. 33 ff.

zu erkennen und aufzufangen kann, wenn die Leiter nicht ausreichend qualifiziert sind, nicht gewährleistet werden.[204]

Heilkundliche Tätigkeiten bedürfen in Deutschland der Erlaubnis. Das Gesetz über die berufsmäßige Ausübung der Heilkunde ohne Bestallung, auch Heilpraktikergesetz besagt, dass neben Ärzten nur ausgebildete Menschen mit ausreichenden Fachkenntnissen eine heilende Tätigkeit ausüben dürfen.[205]

Ob ausreichende Fachkenntnisse für eine solche Tätigkeit gegeben sind, kann wohl nur im Einzelfall überprüft und bewertet werden. Goldner kritisiert scharf, dass die angehenden Heilpraktiker bei der Überprüfung durch die Gesundheitsbehörde keinerlei heilkundliche Ausbildung nachweisen müssen.[206]

Die gesamte „New-Age"-Bewegung, die sich ab Mitte der 60er Jahre von Kalifornien über die gesamten USA und von dort aus nach West-Europa verbreitet hat, wird von Goldner als therapeutischer Supermarkt bezeichnet. All die Angebote[207], bewertet er als mystizistische Hirngespinste und als ein schier undurchdringliches Wirrwarr ideologischer, religiöser und kultureller Versatzstücke.[208]

„Nur die wenigsten Praktiker, die auf dem Psychomarkt ihre Dienste anbieten, sind zur Ausübung von Psychotherapie befugt; von Befähigung ganz zu schweigen." Mit diesen Worten beschreibt Goldner weiter, dass viele der Anbieter auf dem „freien Psychomarkt" nicht die akademischen Zulassungsvoraussetzungen für eine ernstzunehmende Therapieausbildung erfüllen, diese folglich nicht durchlaufen können und stattdessen ihr Wissen über irgendwelche „Kurse" erwerben. Als unerhört bezeichnet er das Faktum, dass mit völlig unbrauchbaren,

---

204 Vgl.Federspiel/Lackinger Karger (1996), S. 518 f.

205 Verband Freier Psychotherapeuten, Heilpraktiker für Psychotherapie und Psychologischer Berater e.V (1939 geändert 1974), URL: https://www.vfp.de/psychologie /fachinfos/412-heilpraktikergesetz.html.

206 Vgl. Goldner (1997), S. 54.

207 Aufgezählt werden: Astrologie, Hellsehen, Tarotkartenlegen, I-Ging, Kabbala, Runenmagie, PSI- oder transpersonale KI-Kräfte entwickeln, Chakren lesen, Bach-Blüten, Kristall-Essenzen, Kontakte mit Verstorbenen oder mit Schutzgeistern, intergalaktische Wesen, die in UFOs die Erde umkreisen und Botschaften senden. Weiter tauchen germanische und keltische Vorstellungen auf, daneben buddhistische, taoistische oder indianische.

208 Vgl. Goldner (1997), S. 11 f.

teils hochgefährlichen Methoden und teilweise ohne die geringste Fachkenntnis an Menschen herumdilettiert wird, die vertrauensvoll Rat und Hilfe ersuchen. Goldner geht sogar so weit zu behaupten, dass bei einer Heerschar selbsternannter Heiler, die teilweise keine einzige Stunde ernst zu nehmender Ausbildung absolviert hat, persönliche Störungen vorliegen, die sie dadurch kompensieren, dass sie sich zu „Therapeuten" und „Lebenslehrern" aufspielen. Die paranormalen Fähigkeiten (wie Auralesen, Channeling, Hellsehen und dergleichen), mit denen sich viele selbsternannte Therapeuten rühmen, sind Goldner zufolge als Symptome latenten psychotischen Wahngeschehens zu werten. Daher bedürfen die Behandler sowie all die Wunderheiler und Handaufleger dringlichst selbst der Behandlung. Auch zynische Geschäftemacher nutzen die seelische Not, die Gutgläubigkeit, die Unaufgeklärtheit und die Wehrlosigkeit ihrer Kunden aus. Klienten esoterischer Therapieverfahren erhalten häufig die gewünschte Hilfe nicht und werden zudem gnadenlos ausgebeutet. Die Probleme der Ratsuchenden können durch diesen Vertrauensmissbrauch und die vergeblichen Bemühungen um Hilfe erheblich verschärft werden. Unter den „Heilern" würden sich oftmals auch viele Opfer finden, die selbst erfahren haben, wie leicht es ist, andere Menschen mit etwas „Psychogeschwätz" übers Ohr zu hauen und dadurch selbst zu einem Scharlatan werden. Das graue Psychogeschäft übt eine ungeheure Anziehungskraft aus, ohne großen Aufwand, ohne Studium und Berufsausbildung eine lukrative Erwerbsquelle zu eröffnen.[209]

Neben dem dargestellten kritischen Blickwinkel der Psychotherapie, benennen auch schamanische Praktiker Risiken und Gefahren. Villoldo führt den Vergleich an, dass ein Doktor der westlichen Medizin mindestens fünf Jahre braucht, bis er sein Handwerk zu beherrschen anfängt und stellt die Frage, ob es sinnvoll ist, seine Gesundheit jemandem anzuvertrauen, der meint, Energieheilung in einem Wochenendseminar gelernt zu haben. Weiter beschreibt Villoldo, dass er irgendwann begriff, dass Energieheilung durch einen unqualifizierten Heiler eine echte Gefahr darstellt. Durch das Auflegen der Hände und dem Versuch zu heilen würden unbewusst schädliche Energien übertragen, auch wenn es der Heiler noch so gut meint. Für diese

---

209 Vgl. Goldner (1997), S. 42 f.

Art des Missbrauchs wird von Villoldo der Begriff „schwarze Magie" verwendet. Darunter fallen all jene Prozesse, bei denen anderen Menschen bewusst oder, wie bei schlecht ausgebildeten Heilern, unbewusst Schaden zugefügt wird.[210]

Sandra Ingerman ist eine weltbekannte Lehrerin für Schamanismus und unterrichtet seit 30 Jahren schamanische Techniken in Seminaren. Sie ist Autorin von 12 Büchern, die in zahlreiche Sprachen übersetzt wurden. Die ehemalige Studentin von Michael Harner ist lizenzierte Ehe- und Familienberaterin und ausgebildete Psychiaterin.[211] Ingerman hat alte schamanische Heiltechniken wiederentdeckt und um moderne psychologische Erkenntnisse erweitert. In ihrem Buch *Auf der Suche nach der verlorenen Seele*[212] leitet sie mit den Worten ein, dass der schamanische Weg des Heilens, wie sie ihn darstellt, nicht als eine ausschließliche Methode zur Behandlung seelischer und gesundheitlicher Probleme angesehen werden darf. Dieser Weg solle vielmehr als eine Ergänzung herkömmlicher medizinischer und psychologischer Behandlungs- und Heilweisen verstanden werden.

Für eine Kombination von klassischen Verfahren und Spiritualität sprechen sich zahlreiche Experten in dem Werk *Heimkehr der Seele Psychotherapie und Spiritualität*[213] aus. Psychotherapie hilft laut Fischer dabei, das Ich auf- und auszubauen. Beim Abbauen des Ichs hilft die Spiritualität. Die Psychotherapie hilft dabei, jemand zu werden, der den Weg der Heimkehr der Seele beginnen kann. Die Spiritualität hilft dabei heimzukehren. Als Heimkehr wird ein Hineinfinden zur Ganzheit vom Ichbewusstsein hin zum Selbstbewusstsein bezeichnet. Im Individuationsprozess bedeutet dies, alle Schatten zu integrieren, alle Projektionen heimzuholen und alles, was nicht der eigenen Person zugehörig gesehen werden möchte, anzunehmen. Heimkehr ist ein Hineinfinden zum Ursprung des Seins, der weder einen Anfang noch ein Ende kennt.

---

210 Vgl. Villoldo/Hickisch (2001), S. 14 ff.
211 Ingerman (o.J.), URL: https://www.sandraingerman.com/aboutsandraingerman.html.
212 Ingerman (2010).
213 Fischer (2003b).

Eine Psychotherapie ohne transpersonale Perspektive kann keine hinreichende Antwort auf die Frage nach dem Sinn der menschlichen Existenz geben. Bei einer Psychologie ohne transpersonalen Hintergrund, kann die Gefahr entstehen in einer narzisstischen Ichzentriertheit stecken zu bleiben. Allerdings kann eine Spiritualität ohne gefestigte Persönlichkeit scheinheilig wirken oder Frömmelei bewirken. Sie kann die Gefahr bergen, sich zur Festigung des Ichs über andere zu stellen anstatt das Ich zu transformieren.[214] So heißt es: „Du musst zuerst Jemand werden, um Niemand werden zu können."[215]

Aufgrund eines verstärkt integrativen und komplementären Ansatzes in der klassischer Therapie und Beratung ist es nachvollziehbar, dass sich auch bei uns immer mehr Psychologen und Psychiater schamanisch ausbilden lassen. Dieses Phänomen beschrieb Walsh bereits 1992 in seinem Werk *Der Geist des Schamanismus*[216] und hat sich bei den Recherchen zu dieser Arbeit bestätigt.

Obermaier, die viele Jahre im Lehrteam bei Villoldo war, beschreibt dessen Arbeitsweise als exquisite Kombination zwischen den uralten indigenen Techniken der Laika und der modernen Psychologie. Die uralten Lehren der Laika wurden in einem Curriculum umgesetzt, sodass auch Menschen im Westen mit diesen Techniken arbeiten können.[217] Obermaier spricht davon, dass die Praktiker die Schamanen des Westens sind, wobei es nicht darum geht, die indigenen Schamanen zu imitieren, sondern die „Medizin" anders zu leben, damit sie in den modernen Alltag integriert werden kann.[218]

Eine weitere Gefahr besteht darin, dass die Eigenverantwortung nicht anerkannt wird, sondern darauf gewartet wird, dass die Heilung, die Veränderung oder die Problemlösung von selbst geschieht. Hierzu wird noch einmal Villoldo angeführt der trefflich formuliert, dass Hei-

---

214 Vgl. Fischer (2003a), S. 14 f.
215 S. Fischer (2003a), S. 14.
216 Vgl. Walsh (1992), S. 16.
217 Vgl. Obermaier (2013), 05'05–05'40 und 10'50–11'43, URL: https://www.youtube .com/watch?v=FglDOeetN-o.
218 Vgl. Obermaier (2018), 07'44–08'10, URL: https://www.youtube.com/watch?v=cI oX4RX86uY&t=1217s.

lung nicht eine Handlung ist, die der Heiler ausführt, sondern eine Reise, auf die sich der Klient aus eigenem Antrieb einlässt.[219]

Dass Schamanismus kein Allheilmittel für Probleme ist, beschreibt auch Marx; er kann helfen, Probleme von einer anderen, höheren Warte aus zu sehen und sie besser und effektiver zu lösen. Für die Lösung sind jedoch immer die eigene Aktivität und eine praktische Umsetzung im Leben notwendig.[220]

5.2.3 Beratung und Therapie: Differenzierung und Wirkung

Bei der Frage danach, wie Coaching oder Beratung sich von Psychotherapie unterscheidet, zeigen Roth und Ryba auf, dass manche Coaches die Auffassung vertreten, Coaching ist etwas für Gesunde und zielt vornehmlich auf berufliche Probleme und Tätigkeiten ab. Psychotherapie hingegen hat mit Belastungen und Störungen hinsichtlich Psyche und Persönlichkeit zu tun. Eine derartig scharfe Abgrenzung nach Gesundheit und Krankheit trifft jedoch auf zahlreiche Schwierigkeiten. In der Tat ist es so, dass es große Überschneidungen der beiden Beratungsverfahren gibt, da es nie nur um rein geschäftliche Themen geht und immer die Persönlichkeit des Klienten mitspielt. Wirksamkeits-Untersuchungen belegen, dass Erkenntnisse hinsichtlich Psychotherapie auch für Coaching und Beratung bedeutsam sind. Nach Roth und Ryba stellen sie ein Plädoyer für einen integrativen, individualisierten Ansatz dar.[221]

Roth und Ryba haben herausgefunden, dass die meisten Coaches und Berater eklektisch vorgehen und verschiedene Methoden aus unterschiedlichen Psychotherapieschulen kombinieren. Indem das Beratungsangebot auf die Bedürfnisse des Klienten zugeschnitten wird, soll die Wirksamkeit und Effizienz erhöht werden. Dieser Eklektizismus wird aber häufig als konzeptloses Herausnehmen und Vermischen unterschiedlicher Techniken bezeichnet, dem weder theoretischer Hintergrund noch ein Menschenbild zugrunde liegt.

---

219 Vgl. Villoldo/Hickisch (2001), S. 18.
220 Vgl. Marx (2010), S. 9.
221 Vgl. Ryba Alica/Roth (2019), S. 9 ff.

Wünschenswert wäre sowohl eine konzeptbasierte, wissenschaftliche Fundierung als auch empirisch überprüfte Wirkungsnachweise. Eine zentrale Herausforderung für wirksames Coaching sehen Roth und Ryba darin, eine effektive Integration verschiedener Interventionen auf Basis einer kohärenten Theorie zu entwickeln. Coaching-Maßnahmen müssen einen hohen Grad an Passung haben. Sie müssen sich an der Persönlichkeit des Klienten, an der Art und Stärke seiner Defizite, an seinen Ressourcen sowie an seiner Vorgeschichte orientieren. Was bei einer Person wirkt, wirkt nicht bei jeder anderen Person und bei allen Problemen. Daher müssen Coaching-Maßnahmen flexibel sein.

In den Untersuchungen von Roth und Ryba liegt der Fokus auf der Persönlichkeitsentwicklung des Klienten. Die Wirksamkeitsstudien in Bezug auf Psychotherapie und psychotherapeutische Verfahren sind auch für Coaching und Beratung bedeutsam, da eine Vielzahl von Interventionen nicht hinreichend empirisch überprüft worden sind. Experten raten dazu, sich an anerkannten Psychotherapieverfahren zu orientieren, weil bei ihnen sowohl ein wissenschaftlich fundiertes Konzept als auch der Nachweis der tatsächlichen Wirksamkeit vorzuliegen scheint.[222]

Die nachfolgenden Tabellen zeigen die Grundelemente erfolgreicher Behandlungen sowie die Wirkfaktoren guter Psychotherapie, Beratung und guten Coachings auf.

Tabelle 22: Grundelemente erfolgreicher Behandlungen

Quelle: eigene Darstellung; zitiert aus Roth und Ryba[223]

Eine erfolgreiche Behandlung kann an drei Grundelementen erkannt werden:
1. Vertrauen des Behandelten in den Behandelnden
2. Überzeugung des Behandelnden, dass er dem Behandelten helfen kann
3. Vertrauen beider in die Methode

Es wird deutlich, dass für Therapie und Beratung dieselben Prinzipien gelten und dass es neben der methodischen Herangehensweise vor allen Dingen um die Qualität der Beziehung zwischen Behandelndem

---

222 Vgl. Ryba Alica/Roth (2019), S. 9 ff.
223 Vgl. Ryba Alica/Roth (2019), S. 21 f.

und Ratsuchendem sowie um die Haltung geht, mit der beide Seiten an einen Prozess herangehen.

Der Psychotherapie-Forscher Klaus Grawe hat fünf Wirkfaktoren guter Psychotherapie herausgearbeitet, die auch Beratungs- und Coachingtheorien als Vorbild dienen aber bisher noch nicht zu einem schulenübergreifenden Beratungsmodell geführt bzw. in der Praxis umgesetzt wurden. Roth und Raya führen folgende Bestandteile auf:

Tabelle 23: Wirkfaktoren Psychotherapie & Beratung

Quelle: eigene Darstellung; wörtlich zitiert aus Roth und Ryba[224]

Fünf Wirkfaktoren guter Psychotherapie, Beratung und Coaching:
Therapeutische Allianz: Die Qualität der Beziehung zwischen Patient und Psychotherapeut trägt wesentlich zum Therapieverlauf und -ergebnis bei.
Ressourcenaktivierung: „Unter dem Begriff ‚Ressourcen' werden alle Möglichkeiten subsumiert, die einem Menschen zur Befriedigung seiner Grundbedürfnisse zur Verfügung stehen."[225] Ressourcen beschreiben also die positiven Persönlichkeitsmerkmale und -erfahrungen eines Klienten, seine Entwicklungsmöglichkeiten, Motivationen und Fähigkeiten. Hierbei geht es etwa um Selbstwertgefühl, Orientierung und Sinnhaftigkeit des eigenen Lebens, um Problembewältigung, Impulskontrolle, Selbstwirksamkeit, Erkennen der eigenen Motive und Ziele sowie um Bindungserfahrung.
Problemaktualisierung: Die Probleme, die in der Therapie verändert werden sollen, sollten unmittelbar erfahrbar sein. Therapeut und Patient suchen daher reale Problemsituationen auf oder aktualisieren erlebnismäßig die Probleme durch besondere Techniken wie intensives Erzählen, Imaginationsübungen, Rollenspiele.
Motivationale Klärung: Die Therapie erreicht mit geeigneten Maßnahmen, dass der Patient ein Bewusstsein der Ursprünge und Hintergründe sowie der aufrechterhaltenden Faktoren seines problematischen Erlebens und Verhaltens gewinnt – allerdings als Ermutigung und nicht als doktrinäre „Aufklärung".
Problembewältigung: Die Behandlung unterstützt den Patienten direkt oder indirekt mit problemspezifischen Maßnahmen darin, wiederholt positive Bewältigungserfahrungen im Umgang mit seinen Problemen zu machen. Dabei handelt es sich überwiegend um prozedurales, d.h. auf Einübung beruhendes Lernen. Dadurch werden alte Gewohnheiten zugeschüttet und neue Gewohnheiten entstehen.

Da berufliche und private Themen auf seelischer Ebene untrennbar sind, wird in dieser Arbeit kein Versuch unternommen, eine Trennung der beiden Felder, sowohl auf persönlicher als auch auf methodischer Ebene, durchzuführen.

Held, eine der Interviewpartnerinnen, die im weiteren Verlauf dieser Arbeit vorgestellt wird, meint dazu, dass es zwar gedanklich unterschiedliche Ebenen sind, es sich aber immer um ein und denselben

---

224 S. Ryba Alica/Roth (2019), S. 21 f.
225 S. Ryba Alica/Roth (2019), 22, zitiert nach Smith und Grawe, 2003.

Menschen handelt. Personen sind immer in beiden Bereichen unterwegs und können ihren Beruf auch im Privatleben nicht völlig ablegen.[226]

Auffallend ist, dass sich kaum Ansätze finden, die sich mit Schamanismus in Coaching und Beratung beschäftigen, wohingegen zum Themenkomplex Schamanismus in der Psychotherapie diverse Ansätze existieren. Da im Zusammenhang mit Schamanismus häufig von Heilbehandlungen gesprochen wird und sich anhand der Bezeichnung „Schamanische Reise" nicht bestimmen lässt, ob die Intervention in das Feld Beratung oder Therapie einzuordnen ist, werden beide Bereiche betrachtet.

Die Keywords Schamanismus, Schamane, schamanische Arbeit – Technik – Reise, ergeben in der Kombination mit den Keywords Beratung, Supervision, Beratungsprozess oder Coaching in den Suchmaschinen der Bayerischen Hochschulbibliotheken und im Internet kaum Ergebnisse, die für eine wissenschaftliche Arbeit nützlich sind. Anders verhält es sich mit dem Begriff Spiritualität. Die Tagung Spiritualität der Zukunft widmete sich mit zahlreichen namhaften Sprechern der Frage, wie die Spiritualität der Zukunft aussieht. Die Videodokumentation ist einsehbar auf der Website des Evangelischen Presseverbandes für Bayern e.V.[227]

Detlef Pollack, Professor am Institut für Soziologie in Münster, hat in seinem Vortrag *Spirituell, aber nicht religiös? Analyse der Gegenwart und Thesen zu einer möglichen Entwicklung*[228] gängige Definitionen des Begriffes der Spiritualität mit eigenen Erkenntnissen ergänzt. Zum einen geht es dabei um die Erweiterung, Entfaltung und Steigerung subjektiver Ressourcen, die sich in der Entfaltung von Potentialen oder der Steigerung der Erlebnismöglichkeiten des Individuums zeigen. Zum anderen geht es aber auch um eine Gegenbewegung zu den Selbstverwirklichungs- und Selbstbestimmungszielen, nämlich um Beruhigung, Entschleunigung sowie um das Finden einer Balance zwischen Anspannung und Entspannung.

---

226 Vgl. Interview Held (2019), 00'54–00'55.
227 Evangelischer Presseverband für Bayern e.V. (2017), URL: http://www.spiritualitaet-der-zukunft.de/vortr-ge.
228 Pollack (2019).

Pollack expliziert, dass bei sämtlichen Formen von Spiritualität, Esoterik und ganzheitlicher Religiosität die Vorstellung existiert, dass hinter der Alltäglichen Welt eine andere Realität existiert. Diese höhere oder tiefere Realität macht den Kern der Wirklichkeit aus und steht mit allen Dingen der Welt in Verbindung. Sie ist zwar unsichtbar, kann jedoch mithilfe spezieller Techniken erfahrbar werden. Durch spirituelle oder esoterische Praktiken wird der Versuch unternommen, Zugang zu dieser anderen Wirklichkeit zu erlangen. Dabei werden Barrieren überwunden, die jemanden daran hindern, zur göttlichen Energiequelle vorzudringen. Kurz gesagt, geht es darum, Kontakt zu etwas Tieferem oder Höherem herzustellen, das die Menschen zwar ständig begleitet, jedoch nicht unmittelbar zugänglich ist. Die Spiritualität und Esoterik bietet durch spezielle Geist- und Körperübungen Möglichkeiten an, diesen Kontakt zu generieren.[229] Diese Beschreibung geht mit dem schamanischen Weltbild einher, das in den ersten Kapiteln herausgearbeitet wurde und zeigt das Konzept der Alltäglichen und der Nichtalltäglichen Wirklichkeit auf. Genaugenommen geht es um denselben Inhalt. Lediglich das Label ist ein anderes.

Spiritualität, Achtsamkeit, Zen-Meditation, der weihnachtliche Gottesdienst und der Yogakurs: Heutzutage ist es bei immer mehr Menschen möglich, dass sie diese Dinge parallel praktizieren. Sie bezeichnen sich als spirituell, aber nicht religiös, was durch die Pollacksche Studie belegt wurde. In den USA hat sich hierzu bereits eine eigene Bewegung gegründet die unter dem Stichwort „spiritual but not religious" agiert.[230]

Es liegt die Vermutung nahe, dass Menschen durch diese Offenheit in ihrer Spiritualität auch in Beratung und Therapie mehr sinnstiftende Möglichkeiten suchen und dem Coach dadurch eine andere Rolle zugeschrieben wird. Die Publikation *Die spirituelle Dimension in Coaching und Beratung*[231], beinhaltet Einzelberichte, die diese Hypothese bei der Betrachtung der aussagekräftigen Titel bestätigen könnte. Titel-

---

229 Vgl. Pollack (2019), S. 28 f.
230 Vgl. Harmsen (2017), URL: https://www.sonntagsblatt.de/artikel/weltreligionen/s piritualitaet-mystik/spiritualitaet-deutschland-was-die-zahlen-verraten.
231 Hänsel (2012a).

beispiele: Vom *Coach zum Seelsorger*[232], *Die spirituelle Dimension als sinnstiftender Möglichkeitsraum im Coaching*[233], *Spirit im Business und im Coaching*[234] oder *Seele, Schuld und berufliches Handeln in Organisationen*[235].

---

232 Assländer (2012).
233 Hänsel (2012a).
234 Hänsel (2012b).
235 Schmid (2012).

6 Gang der Untersuchung

In diesem Kapitel wird die Vorgehensweise innerhalb dieser Masterthesis beschrieben. Das Standardwerk *Einführung in die qualitative Sozialforschung*[236] half dabei, einen Überblick über die gängigen Forschungsmethoden zu erhalten und die stimmige Methodik für diese Arbeit abzuleiten.

Die weiteren Ausführungen skizzieren den Vorgang der Literaturrecherche und der Erhebung von eigenem Datenmaterial. Bei der Auswertung der literarischen Quellen und dem Gestalten des Schreibprozesses fanden sich in dem Buch *Kreatives wissenschaftliches Schreiben*[237] hilfreiche Anregungen.

6.1 Beschreibung der Vorgehensweise

Für diese Arbeit war eine umfassende Literaturrecherche nötig, die anhand der Schneeballmethode durchgeführt wurde. Beim Sichten und Lesen der Bücher fanden sich Textstellen, die auf weiterführende Literatur und Studien verwiesen. Literaturverzeichnisse vorhandener Bücher und Zeitschriften ergaben neue Erkenntnisse und weitere Quellen wurden zugänglich. Jede Recherche, die auch über das Internet, persönliche Gespräche[238] und dem Suchen von Studien erfolgte, führte tiefer in die Materie des Schamanismus. Zahlreiche Vorträge und Interviews auf YouTube sowie Dokumentarfilme komplettierten die vorhandenen Erkenntnisse mehr und mehr. Die gesammelten persönlichen Erfahrungen diverser Seminare im Laufe der letzten Jahre

---

236 Mayring (2016).
237 Pyerin (2019).
238 Gespräche wurden mit anderen schamanisch Praktizierenden, mit therapeutischen und beraterischen Kollegen und mit anderen Seminarteilnehmern, sowie den Seminarleitern geführt.

waren ebenfalls hilfreich, da dadurch eine Verknüpfung theoretischer Grundlagen und praktischer Erfahrungen stattfand.

Um die bestehende Wissenslücke zu schließen, war es zunächst erforderlich aus der vorhandenen Literatur die Charakteristika des Schamanismus abzuleiten. Zum Erfassen der schamanischen Kosmologie wurde auch Populärliteratur herangezogen. Allerdings wurde bei der Aufbereitung der ersten Kapitel strikt darauf geachtet, dass die Quellen seriös und zitierfähig sind. Das bedeutet, es wurden fast ausschließlich Bücher verwendet, die sich über den Verbundkatalog der Bayerischen Hochschulbibliotheken beziehen ließen. Mehrere Fernleihbestellungen mussten infolge getätigt werden. Darüber hinaus wurde eine Vielzahl an Büchern für den Privatbestand der Autorin erworben, da die Anzahl der Fernleihbestellungen auf 15 Bücher limitiert ist. Andererseits wurde penibel darauf geachtet, dass bei den Autoren ein wissenschaftlicher Hintergrund vorliegt. Das bedeutet, mindestens ein Hochschulabschluss, besser noch eine Promotion und häufig sogar eine Habilitation. Ein Indiz wissenschaftlich recherchierter Quellen waren zudem viele Fußnoten im Text. Wenn auch manche Bücher wie beispielsweise die von Alberto Villoldo, Michael Harner oder auch die von Carlos Castaneda populärliterarisch anmuten und einen Sprachstil verwenden, der sich an die breite Masse richtet, sollte berücksichtigt werden, dass diese Autoren über einen universitären Hintergrund verfügen. Bei Castaneda lag eine Promotion vor; Villoldo und Harner hatten sogar Lehrstühle als Professoren an amerikanischen Universitäten.

Seriöse Institute und Organisationen ließen sich daran erkennen, dass sie alle erforderlichen Informationen wie Ansprechpartner, Auftrag, Ausrichtung und Zielsetzung der Organisation übersichtlich und leicht auffindbar auf ihrer Webseite präsentierten.

Veröffentlichte Publikationen, die von seriösen Institutionen herausgegeben wurden, enthalten ebenfalls auf den ersten Seiten klare Angaben zu Zielsetzung und dergleichen. Die meisten in dieser Arbeit aufgeführten Institutionen verfolgen einen gemeinnützigen, teilweise nicht gewinnorientierten Auftrag.

Schamanismus in Beratungsprozessen: Transfer und Adaption indigener Traditionen, so lautet der Titel dieser Masterthesis. Um präzise in die Thematik einzuführen, mussten zunächst die zentralen Begrifflichkeiten „Schamanismus", „Schamane" und „indigene Traditionen" hergeleitet werden. Die Recherchen zu indigenen Völkern und ihren Traditionen waren anspruchsvoll und beanspruchten umfassend Zeit. Entweder war der Output in ethnologischen Fachbüchern derart komplex aufbereitet, dass der Inhalt für diese Thesis nicht zu gebrauchen war oder die Interviews und Forschungsberichte der indigenen Schamanen waren zu spezifisch. Daher wurde die Entscheidung getroffen, bei der Vorstellung der Traditionen Quellen zu zitieren und Beispiele herauszuarbeiten, die dem Leser in verständlicher und bildhafter Sprache einen schnellen Überblick gewähren. Selbstverständlich kann dies nur ein Auszug aus dem breiten Spektrum sein. Die Synthese der verbindenden Elemente aller schamanischen Traditionen entstand aus der Sichtung der gesamten Literatur, bündelte sich allerdings in dem Vortrag von Fe San Mülders, der sich einem Laien als Einstieg in die Thematik empfiehlt.

Die zwei Kapitel, die sich mit der *Anderen Wirklichkeit* und der *Schamanischen Karte* beschäftigen, stellen eine Synthese der gesamten gesichteten Literatur dar. Wenn manche Autoren häufiger zitiert wurden als andere, liegt dies darin begründet, dass sie aus Sicht der Autorin die verständlichsten Ansätze lieferten. Allerdings hat sich die schamanische Kosmologie und das beschriebene Weltbild so oder so ähnlich in der Gesamtliteratur gezeigt. Der Core-Schamanismus hat einen westlich-wissenschaftlichen Hintergrund, daher wurden diverse Anregungen aus den Werken der Fakultätsmitglieder der FSS verarbeitet. Aus Gründen der persönlichen Erfahrung der Autorin, die eine intensive Ausbildung in schamanischer Energiemedizin nach dem Ansatz von Alberto Villoldo absolviert hat, sind auch Erkenntnisse aus dem Schamanismus der Anden und des Amazonasgebietes eingeflossen.

Die Theorie-Kapitel dieser Masterthesis sind mehr als umfangreich. Oelrich empfiehlt in einer theoriebasierten Arbeit zwar eine starke Begrenzung des Grundlagenteils, da die Gefahr einer Nacherzählung von bereits Geschriebenem besteht.[239] Dennoch erschien diese ausführliche Aufbereitung maßgeblich, um das Wesen des Schamanismus zu verdeutlichen. Darüber hinaus wird ersichtlich, warum es nicht einfach möglich ist eine schamanische Technik unreflektiert zu über-

---

239 Vgl. Oehlrich (2019), 121, 122.

nehmen bzw. zu integrieren, sondern sich mit der Fragestellung dieser Thesis auseinanderzusetzen.

Schamanismus in Beratung, Coaching und Supervision ist bisher kaum erforscht. Eine Ausnahme stellt der Ansatz der FSS mit dem „Harner Shamanic Counseling" dar. Dieser Beratungsansatz beruht auf den Prinzipien des klassischen Schamanismus und verfolgt das Ziel, einem Klienten die Technik der schamanischen Reise näher zu bringen, damit dieser durch die Reise eigene Antworten auf Fragen finden kann. Möchte ein Berater diese Möglichkeit für seine Klientenarbeit nutzen, ist es Pflicht, die zertifizierte Ausbildung zu absolvieren.[240]

Darüber, wie jedoch schamanische Techniken in Beratungsprozesse integriert werden können, liegen bisher wenig Erkenntnisse vor. Diese Wissenslücke bildet die Legitimation der vorliegenden Masterthesis und rückt die in der Einleitung formulierte Frage, wie sich indigene Traditionen des Schamanismus in Beratungsprozesse transferieren und adaptieren lassen, in den Fokus. Die Detailfragen leiten sich aus dem Bedarf ab, die Integrationsbedingungen näher zu beleuchten.

Für eine Integration schamanischer Techniken in westliche Beratungsverfahren müssen bestimmte Voraussetzungen gegeben sein. Beim Praktizierenden muss Klarheit darüber bestehen, was sinnvoll und hilfreich ist oder wo Gefahren und Risiken liegen können. Offiziell gibt es hierzu keine definierten Standards oder Empfehlungen, was ebenfalls für die Fragestellung dieser Arbeit spricht.

Wie beschrieben kann beispielsweise die schamanische Tradition eines Feuerlaufes nicht einfach übernommen und mit untrainierten Menschen durchgeführt werden. Das Einnehmen der psychoaktiven Substanz Ayahuaska kann bei traumatisierten und/oder therapieunerfahrenen Menschen eine nicht erwünschte Reaktion auslösen. Darüber hinaus werden diese Rituale bei indigenen Kulturen mit Zeremonien verbunden und von erfahrenen Schamanen durchgeführt. Diese exemplarisch benannten Gefahren müssen erkannt, benannt und vermieden werden.

---

240 Foundation for Shamanic Studies Europe (2019), URL: https://www.shamanicstu dies.net/harner-shamanic-counseling/.

Anhand der bestehenden Literatur kann die Forschungsfrage samt ihren Detailfragen nicht umfänglich beantwortet werden. Bei der Auseinandersetzung und der Suche nach Lösungen stellte sich die Frage, inwieweit externe Personen Auskunft zu dieser spezifischen Fragestellung geben können. Dabei zeigte sich die Herausforderung, dass schamanische Praktiker häufig über keine fundierte beraterische oder therapeutische Ausbildung verfügen. Berater oder Therapeuten arbeiten wiederum selten mit schamanischen Methoden. Dieser Mangel an zu befragenden Personen führte zum Ausschluss einer quantitativen Methode, wie beispielsweise einem standardisierten Fragebogen. Diese Thesis behandelt eine äußerst spezifische Fragestellung, die nur wenige Menschen in ihrer Komplexität verstehen. Daher lag es nahe, Experten ausfindig zu machen, die durch ihre Erfahrungen eine tiefe Expertise auf diesem Gebiet vorweisen können. Aus diesen Bedingungen kristallisierte sich neben der beschriebenen Sekundärforschung die Erhebung von eigenem Datenmaterial mittels der Methode des Experteninterviews heraus, die laut Strübing[241] der qualitativen Sozialforschung entspricht. Die Empfehlungen von Gläser und Laudel[242] zur Vorbereitung, Gestaltung und Durchführung von Experteninterviews dienten der Orientierung für eine praktikable Vorgehensweise.

Abbildung 6: Experteninterview

Quelle: eigene Darstellung; übernommen aus Endres[243]

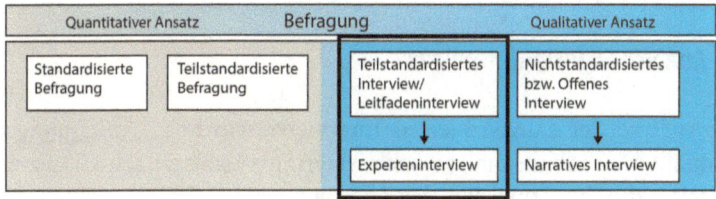

---

241 Strübing (2018).
242 Gläser/Laudel (2010).
243 Endres (o.J.), URL: https://www.bachelorprint.de/experteninterview/.

Im Rahmen dieser Arbeit wurden zwei umfangreiche Experteninterviews durchgeführt.

Ziel war es, weitere Daten zu erheben und möglichst viel über den Erfahrungsbereich der Experten zu erfahren. Die Interviews sollten Tiefe in der zu erforschenden Fragestellung erzielen. Die Detailfragen dieser Arbeit sind spezifischer Natur, weshalb eine narrative Erzählweise in der Interviewsituation nicht zielführend in der Beantwortung der offenen Fragen erschien. Es wurde eine Mischform aus semistrukturiertem- und unstrukturiertem Interviewstil gewählt. Im Vorfeld wurden mögliche Fragen zusammengetragen, um den Rahmen abzustecken und dadurch einen Leitfaden zu generieren. Der Interviewleitfaden war darauf ausgerichtet, die persönliche Expertise der interviewten Person anzusprechen und sie gleichzeitig zum freien Erzählen zu animieren. Wenn die Interviewsituation es zuließ, wurden die Fragen so oder in ähnlicher Form gestellt. Um eine flexible Reaktion zu gewährleisten, wurden die Fragen teilweise abgewandelt oder die Reihenfolge verändert.[244]

Selbstverständlich sind die Leitfäden sowie die Auswahl der beiden interviewten Personen von der Persönlichkeit der Autorin, ihren Fachkenntnissen wie auch ihren blinden Flecken geprägt.

Die transkribierten Interviews können bei der Autorin dieser Arbeit über die E-Mail-Adresse info@praxis-juwel.de angefragt werden.

6.2 Analyse Experteninterviews

Die Analyse der transkribierten Interviews wurde in Anlehnung an die qualitative Inhaltsanalyse nach Mayring[245] sowie nach Gläser und Laudel[246] durchgeführt. Bei der Auswertung des Textmaterials wurde nicht strikt nach Lehrbuch vorgegangen, sondern die Schritte wurden so adaptiert, wie sie für diese Arbeit sinnvoll erschienen.

---

244 Vgl. Pfeiffer (2018), URL: https://www.scribbr.de/methodik/interviewleitfaden/.
245 Mayring (2015).
246 Gläser/Laudel (2010).

Zunächst wurde im Rahmen einer zusammenfassenden Inhaltsanalyse das vorhandene Textmaterial komprimiert und reduziert. Aus dieser Zusammenfassung wurden Kategorien und Subkategorien entwickelt, die bedeutsame und / oder wiederkehrende Textmerkmale sowie Textpassagen bündeln und wiedergeben.

Anschließend wurden die Kategorien systematisiert, strukturiert und analysiert. Ziel dieser Analyse war zum einen, den wesentlichen Unterschied zwischen Schamanismus und westlichen Beratungsverfahren herauszuarbeiten. Zum anderen sollten daraus Ansätze für eine Integration schamanischer Techniken in westlichen Beratungssettings abgeleitet werden.

6.2.1 Analyse Interview Held

Das erste Interview wurde mit Cynthia Elfriede Held geführt, die sowohl das Institut conSens für Systemische Weiterbildung betreibt als auch auf langjährige schamanische Praxis zurückgreifen kann. Da bisher keine empirischen Forschungen zu schamanischen Elementen und Techniken in Systemischen Beratungsprozessen vorliegen, gilt Helds Expertise, die in beiden Bereichen vorliegt, als äußerst wertvoll.

Das Interview wurde am 31.10.2019 in Landshut in der Praxis von Frau Held durchgeführt und aufgezeichnet. Vor Interviewbeginn haben die beiden Personen den „Heiligen Raum" geöffnet, wie unter 4.4 beschrieben.

Das Interview besteht aus zwei Teilen bezeichnet als A und B, da Frau Held nach Abschluss des ersten Interviews begonnen hat zu erzählen, wie sie auf den schamanischen Weg kam. Nach Transkription wurde das Interview von Frau Held korrigiert, mit Anmerkungen ergänzt und anschließend freigegeben.

6.2.2 Analyse Interview Urban

Das zweite Interview wurde mit Roland Urban, Geschäftsführer der Foundation for Shamanic Studies Europe geführt. Er ist sowohl als

Psychologe als auch als schamanisch Praktizierender sowie als Seminarleiter im Bereich Core-Schamanismus tätig. Darüber hinaus gilt er als Experte im Bereich Schamanismus und Wissenschaft.

Das Interview wurde am 14.11.2019 über eine digitale Plattform durchgeführt und aufgezeichnet. Nach der Transkription wurde das Interview von Herrn Urban korrigiert, mit einer Anmerkung ergänzt und anschließend freigegeben.

6.2.3 Essenz der Interviews

Im Interview mit Frau Held stellte sich heraus, dass Frau Held die Bezeichnung indigene Traditionen anstelle von Schamanismus bevorzugt, da diese mit weniger Bedeutungszuschreibungen assoziiert wird.

Held wünscht sich für dieses Feld, dass es mehr und mehr Menschen gibt, die die wissenschaftliche Seite und das jahrtausendealte Erfahrungswissen miteinander verbinden. Für eine neue Qualität und Lebensqualität soll die Haltung „sowohl als auch" an die Stelle von „entweder oder" rücken, denn Wissenschaft und Erfahrungswissen können sich wunderbar ergänzen.

Der zweite Teil des Interviews war für die Autorin dieser Arbeit ein willkommenes Feedback, da die Inhalte, die in den theoriebasierten Kapiteln dieser Masterthesis zusammengetragen wurden, mit dem übereinstimmten, was Frau Held kommunizierte. Der interessierte Leser erhält in komprimierter Form einen Überblick zur Praxis der indigenen Medizin, zu den Wesen in der Nichtalltäglichen Wirklichkeit sowie zu den Zugängen in die unterschiedlichen Welten.

Urban erklärte, dass das Leben in der Nichtalltäglichen Welt nach genau den gleichen Prinzipien funktioniert wie in der Alltäglichen Welt und wies darauf hin: „Ich verstehe den Schamanismus dann am besten, je normaler ich ihn sehe, je näher dran und verkoppelt er mit meinem alltäglichen Leben ist."[247]

Für das Feld des Schamanismus wünscht sich Urban, dass liberal denkende Menschen des 21. Jahrhunderts andersgeartete Meinungen

---

247 S. Interview Urban (2019), 01'20–01'24.

aushalten anstatt den Schamanismus abzuwerten und mit Zuschreibungen zu versehen. Er bezieht sich auf die Ebene des Respekts und plädiert dafür, sich entweder zu informieren oder sich eines Kommentares zu enthalten.[248]

Wie eruiert, muss ein Schamane in einer indigenen Kultur etwas können und hat eine bestimmte Arbeit zu verrichten. In Deutschland kann sich jeder Schamane nennen, ganz gleich, ob er etwas kann oder nicht. Aus Respekt den schamanischen Kulturen gegenüber bezeichnen sich die Mitglieder und Teilnehmenden der FSS nicht als Schamanen, sondern als schamanisch Praktizierende. Held versteht sich als Seelenbegleiterin, Seelsorgerin und Vermittlerin indigener Traditionen.

In der westlichen Welt wird die Wahrnehmung von Geistwesen teilweise als pathologisch bewertet. Allerdings gehören diese geistigen Wesen für Abermillionen Menschen in indigenen, schamanischen Kulturkreisen zur Realität.

Können die Wahrnehmungen all dieser Menschen wirklich als pathologisch betrachtet werden oder könnte es stattdessen sein, dass dieses alte Wissen und die Zugänge zur geistigen Welt durch die gesellschaftlichen und religiösen Entwicklungen in unserer Kultur verlorengegangen sind? Diese Frage kann sich nur jeder selbst beantworten. Die Autorin schließt sich der Haltung von Roland Urban an, der dafür plädiert, sich nicht mit der Frage zu beschäftigen, ob Geister nun real sind oder nicht, sondern vielmehr danach zu fragen, ob der Umgang mit der geistigen Welt einer Person gut tut und wie ggf. Lösungen für einen guten Umgang gefunden werden können.[249]

Die beiden Interviewpartner sind durch intensive akademische Ausbildungen gegangen und stehen mit beiden Beinen fest im Leben; sie sind Freunde der Wissenschaft, genießen die technischen Errungenschaften unserer Zeit und erkennen psychologische sowie schulmedizinische Behandlungsformen als unabdingbar an. Darüber hinaus haben sie keine Zweifel an geistigen Wesen sowie einer Nichtalltäglichen Wirklichkeit. Aufgrund ihrer Professionen sind sie Experten darin, therapeutische oder beraterische Prozesse sowohl im klassischen Bereich

---

248 Vgl. Interview Urban (2019), 01'20–01'24.
249 Vgl. Interview Urban (2019), 01'00–01'06 Z. 38–45.

der Standardverfahren als auch im indigenen, schamanischen Bereich zu gestalten.

Wie sich gezeigt hat, gibt es bei der Integration schamanischer Techniken in westliche Beratungsprozesse einiges zu beachten. Da bisher keine definierten Empfehlungen für solch eine Integration vorliegen, sollen die analysierten Ergebnisse der geführten Interviews und die Expertise der Interviewpartner als Basis zur Entwicklung von Standards dienen. Die Empfehlungen zur Integration werden unter 7. *Ergebnisse der Analyse* vorgestellt.

6.3 Teilnehmende Beobachtung

Neben den beschriebenen Forschungsmethoden hat die Autorin an verschiedenen schamanischen Seminaren teilgenommen und sich selbst in die teilnehmende Beobachtung begeben.

– **Fieldhealing Ausbildung:**[250]
  Grundlage der Fieldhealing Ausbildung sind die übergreifenden, schamanischen Weisheitslehren und Heilpraktiken der uralten Kulturen der Anden, des Amazonas und des Himalaya. Die darauf basierenden jahrtausendealten Weisheitslehren wie der Bön, die Multikosmologie, die Kosmogenen Mythen, die großen mystischen Lehren des Buddhismus, der Veden und des Ur-Christentums werden mit den schamanischen Lehren rückgekoppelt.

– **Basis-Seminar „Der Weg des Schamanen":**[251]
  Core-Schamanisches Seminar der FSS
  Die Inhalte des Seminars zeichneten ein kohärentes Bild ab, das sich mit den theoriebasierten Teilen dieser Arbeit deckt.

Die Autorin hat neben den Seminaren an regelmäßig selbstorganisierten Intervisionsgruppen teilgenommen, Fallvorstellungen abgeliefert und an eigenen Themen gearbeitet.

---

250 Obermaier (2019), URL: https://www.laramarieobermaier.com/fieldhealing-block-ausbildung/fieldhealing-ausbildungsinhalt/.
251 Foundation for Shamanic Studies Europe (2019), URL: https://www.shamanicstudies.net/der-weg-des-schamanen/.

Die Teilnahme an den Seminaren samt ihrem Austausch mit anderen Teilnehmenden und Seminarleitern diente dem Sammeln praktischer als auch persönlicher Erfahrungen.

7 Ergebnisse der Analyse

Im Fokus dieser Arbeit stand die Frage, wie sich indigene Traditionen des Schamanismus in Beratungsprozesse transferieren und adaptieren lassen.

In diesem Kapitel wird die Forschungsfrage anhand der bisherigen Ausführungen überprüft und samt der Detailfragen beantwortet sowie interpretiert.

7.1 Empfehlungen zur Integration indigener Traditionen

An dieser Stelle werden Ansätze vorgestellt, die bei einer Integration indigener Traditionen in westliche Beratungsprozesse zu beachten sind.

Die nachfolgenden Ergebnisse wurden zum einen aus den geführten Interviews abgeleitet. Hierfür wurden zusammenfassende Kategorien, Subkategorien und konkretisierende Textpassagen erstellt. Durch den Prozess des Komprimierens und Reduzierens entstanden teilweise neue Kategorien und eine schlüssige Struktur für die Ansätze zur Integration.

Zum anderen basieren die Empfehlungen auf den Erkenntnissen, die durch die theoriebasierten Ausführungen zu den Charakteristika des Schamanismus in dieser Arbeit entstanden sind. Während des gesamten Schreibprozesses wurde strikt darauf geachtet, alle Ansätze, die für die Empfehlungen zur Integration bedeutsam sind, zu notieren. In einem Vergleichsprozess stellte sich heraus, dass sich die abgeleiteten Empfehlungen der Theorie mit den Expertenmeinungen decken.

Die entwickelten Ansätze weisen vier Schwerpunkte auf. Sie zielen darauf ab, Empfehlungen auf der <u>Basis von Risiken und Gefahren</u> für die praktische Arbeit mit indigenen Traditionen sowie zum <u>Rollenverständnis schamanisch Praktizierender</u> zu generieren. Des Weiteren wurden Gründe herausgearbeitet, die <u>für die Integration indigener</u>

Traditionen sprechen. Weiter wurden zentrale <u>Parallelen sowie fundamentale Unterschiede</u> zwischen indigenen Traditionen und anderen Ansätzen abgeleitet.

Die skizzierten Ansätze zur Integration indigener Traditionen stellen neben den erarbeiteten Charakteristika des Schamanismus die Analyse-Ergebnisse dieser Masterthesis dar und werden nachfolgend dargestellt.

Tabelle 24: Empfehlungen für die Integration indigener Traditionen

Quelle: eigene Darstellung und Entwicklung

Ableitung von Empfehlungen auf Basis von Gründen für die Integration indigener Traditionen:	
Erfahrungswissen Schamanismus kann als umfassende Erklärung dessen gesehen werden, was als Leben bezeichnet wird, für den Lauf der Natur und die Zyklen des Lebens. Er funktioniert professionsübergreifend und konfessionsübergreifend und steht im Einklang mit den großen spirituellen Traditionen. Die jahrtausendealten Heilmethoden sicherten das Überleben der Menschheit.	**Anerkennung indigener Methoden** – Neben den wissenschaftlich nachweisbaren Methoden sollen auch die Erfahrungswerte der indigenen Traditionen anerkannt werden. – Manche Erfahrungen lassen sich mit den Mitteln der Wissenschaft nicht erklären. Schamanismus kann Antworten auf Lebensfragen liefern und sollte daher respektiert werden. **Komplementäransatz** – Eine komplementäre Haltung soll anstelle einer Trennung von Wissenschaft und Erfahrungswissen bevorzugt werden. – Der Ansatzpunkt im Schamanismus ist der spirituelle Aspekt. Es wird nicht der biologische oder psychologische Aspekt behandelt, denn dafür sind die konventionellen Gesundheitsdisziplinen zuständig. Schamanismus ist <u>kein</u> Ersatz für medizinische oder psychologische Verfahren, sondern komplementär im Sinne einer ganzheitlichen Zugangsweise zu verstehen.
Vernachlässigung Spiritualität In der westlichen Kultur wird der spirituelle Aspekt vernachlässigt.	**Integration Spiritualität** – Es besteht ein deutlicher Optimierungsbedarf bei der Integration von Spiritualität in die westliche Gesellschaftskultur. – Die vernachlässigte spirituelle Seite kann durch Arbeit mit indigenen Traditionen wieder mehr integriert werden. – Spiritualität bedeutet Rückverbindung. Wenn auch andere Disziplinen erkennen, dass alles miteinander verbunden ist, kann sich das positiv auf den Einzelnen sowie auf das Weltgeschehen auswirken.
Vier Aspekte Die vier Aspekte des Medizinrades spiegeln die vier Ebenen des menschlichen Körpers / Wesens wider (physische, mental-emotionale, seelische, spirituelle Ebene). Der Mensch kann als bio-psycho-sozio-spirituelles Wesen betrachtet werden.	**Anerkennung / Ausgleich vier Aspekte** – Es braucht eine Balance zwischen den vier Aspekten des menschlichen Körpers / Wesens. Diese Harmonisierung dieser vier Ebenen wird im Schamanismus angestrebt. – Wenn der Mensch ein spirituelles Wesen ist, braucht er auch spirituelle Angebote.

Nichtalltägliche Wirklichkeit	Erhöhung Wirksamkeit
Je mehr Zugänge zur nicht-sichtbaren Welt bestehen, umso mehr Unterstützung, Begleitung und Information stehen Beratenden und Klienten zur Verfügung.	– Zugänge in die nicht-sichtbare Welt können die Wirksamkeit der Begleitung erhöhen. – Wenn möglich, sollen diese Zugänge zum Wohle aller, allerdings unter Berücksichtigung der Empfehlungen, genutzt werden.
Unbegrenztheit Die Räume in die schamanisch Praktizierende reisen sind unbegrenzt. Die geistigen Wesen sind mitfühlend und unterstützend. Die Arbeit kann tief gehen.	**Stärkung Beratende / Sinnstiftende Tätigkeit** – Indigene Medizin kann Beratende unterstützen im Rahmen von Selbsterfahrung ihre eigenen blinden Flecken zu verkleinern und sich selbst zu stärken. – Für Beratende, Coaches, Supervisoren kann es sinnstiftend sein, Menschen auf diesen Ebenen ihrer Persönlichkeit zu begleiten.
Bekannte Bahnen Wer in bekannten Bahnen denkt, bekommt häufig das Gleiche vom Selben in anderer Ausgestaltung, ähnlich wie beim digitalen Recherchieren.	**Neue Antworten** – Im Schamanismus erhält man häufig Ansätze, mit denen man nicht gerechnet hat. Ähnlich wie beim analogen Recherchieren kann man auf Dinge stoßen, die man sich nie erträumt hätte oder auf die man nicht gekommen wäre. – Diese Arbeit kann nur mit Menschen durchgeführt werden, die eine notwendige Offenheit und Neugierde mitbringen.
Core-Schamanismus Westlich-wissenschaftliche Ausrichtung. Stellt Handwerkszeug in Form konkreter Technik und Methodik zur Verfügung. Schamanische Reise steht im Mittelpunkt.	**Empfehlungen** – Seminare des Core-Schamanismus können interessierten Beratern im Sinne von Weiterbildung empfohlen werden. – Andere Anbieter leisten ebenfalls wertvolle Seminararbeit.
Harner Shamanic Counseling Dies ist ein Beratungsansatz, basierend auf den Prinzipien des klassischen Schamanismus.	**Selbstermächtigung Klienten** – Die schamanische Reise wird an Klienten im Sinne der Divination unterrichtet, sodass sie in die Lage versetzt werden Fragen eigenständig durch Konsultation der Geistwesen zu beantworten. – Der Beratende ist dabei ein Berater der Methodik, der den Rahmen und die Technik zur Verfügung stellt. Inhaltlich mischt sich der Berater nicht ein. Interpretationen sollen unterlassen werden.

Tabelle 25: Empfehlungen für schamanisch Praktizierende

Quelle: eigene Darstellung und Entwicklung

Ableitung von Empfehlungen für schamanisch Praktizierende auf Basis kritischer Stimmen, Risiken und Gefahren:	
Berater-Persönlichkeit Die Berater-Rolle wird in schamanischen Seminaren häufig zu wenig reflektiert.	**Selbstreflexion** – Beratende müssen ihre Rolle klar beschreiben können und wissen, wo ihre Grenzen liegen. Eine umfassende Reflexion der Berater-Persönlichkeit soll angestrebt werden. **Selbsterfahrung** – Beratende sollen durch intensive Selbsterfahrung auf die Arbeit mit Menschen vorbereitet werden. Eine umfassende Eigenerfahrung steht vor der Arbeit mit Menschen.
Berater-Tätigkeit Häufig wird in schamanischen Seminaren kaum darauf eingegangen, mit welchen Fragemethoden und weiteren Verfahren Menschen gut begleitet werden können. Darüber hinaus wird häufig nach wenigen schamanischen Seminaren eine Praxis eröffnet. Hat die anbietende Person neben der geringen schamanischen Erfahrung wenig Kenntnis im beraterischen Bereich, stellt diese Kombination ein Risiko für hilfesuchende Menschen dar.	**Fundierte Ausbildung** – Bei schamanisch Praktizierenden müssen beraterische Basis-Fähigkeiten vorhanden sein, besser wäre eine fundierte beraterische Ausbildung. – Eine fundierte Ausbildung im schamanischen Bereich ist für die Eröffnung einer Praxis unumgänglich und sollte als Standard definiert werden. – Ratsuchenden Menschen wird empfohlen, sich genau zu informieren, wem sie sich anvertrauen. Im Sinne der Transparenz können sie sich zeigen lassen, welche Ausbildungen ein Praktiker auf seinem Gebiet absolviert hat und nach beruflicher Erfahrung fragen. Im Zweifelsfall sollte auf das eigene Bauchgefühl gehört werden und nur das getan werden, was wirklich stimmig erscheint.
Beraterischer Kontext Häufig werden im schamanischen Arbeitsfeld klare Vereinbarungen und schriftliche Verträge für den beraterischen Kontext vernachlässigt.	**Transparenz** – Es sollen klare Vereinbarungen zwischen Begleitendem und Ratsuchendem getroffen werden. – Rahmenvereinbarungen sollen im Sinne eines Klienten-, Beratungs- oder Supervisionsvertrages vertraglich festgehalten werden.
Therapeutischer Kontext Therapie und therapeutische Behandlungen (Heilbehandlungen) sind erlaubnispflichtig.	**Fundierte Ausbildung** – Schamanisch Praktizierende und Begleitete sollen darauf achten, dass bei Heilbehandlungen eine Heilerlaubnis, eine fundierte therapeutische sowie indigene Ausbildung vorliegt.
Bedeutungszuschreibungen Der Begriff Schamanismus wird häufig mit vielen negativ assoziierten Bedeutungszuschreibungen versehen.	**Neutralität** – Es empfiehlt sich ein zurückhaltender Umgang mit dem Begriff Schamanismus, da vieles hineininterpretiert wird, das er nicht ist. Beschreibungen wie indigene Traditionen oder indigene Medizin umgehen dies. – Das Spirituelle sollte entzaubert und entmystifiziert werden, sodass von Verzerrungen und Interpretationen Abstand genommen werden kann. – Dem Spirituellen sollte keine zu große Bedeutung gegeben werden. Jeder sollte für seine Entscheidungen und Handlungen die Verantwortung übernehmen.

Umgang Öffentlichkeit Manche Menschen kommunizieren ihre Erfahrungen mit Geistwesen öffentlich und teilweise zu Werbezwecken, indem sie beispielsweise Posts in sozialen Netzwerken veröffentlichen.	**Zurückhaltung** – Erfahrungen mit Geistwesen in sozialen Netzwerken zu veröffentlichen, wird als nicht zielführend angesehen. Zum einen sind dies persönliche Erfahrungen. Zum anderen können Menschen ohne den entsprechenden Erfahrungshintergrund diese Informationen nicht einordnen, weshalb die Gefahr negativer Bedeutungszuschreibungen besteht. Diese Art von Publicity sollte daher vermieden werden.
Verletzung Selbstbestimmung Wenn schamanisch Tätige genau wissen, was für ihre Klienten gut ist oder was sie machen sollen, weil dies die Engel oder andere Wesen aus der Nichtalltäglichen Wirklichkeit sagen, können diese Rat-Schläge die Selbstbestimmungsrechte der Klienten verletzen.	**Neutralität Beratende** – Schamanische Praktiker sollen eine neutrale Haltung einnehmen und ihre Klienten auch bei der Technik der schamanischen Reise dazu anleiten, ihre eigenen Lösungen, Antworten und Wege zu finden. – Menschen sollen möglichst viel Raum für eigene Erfahrungen erhalten. Die Begleitung durch die beratende Person soll auf eine Art und Weise gestaltet werden, die nicht lenkt. – Jeder Mensch weiß, was er braucht und was etwas für ihn bedeutet.
Kontraindikationen Wird mit labilen Personen, die Zustandsbilder aufweisen, die den Kontraindikationen zugeordnet werden, schamanisch gearbeitet, kann das weitreichende negative Folgen haben.	**Erkennen von Kontraindikationen** – Schamanisch Praktizierende müssen den entsprechenden Hintergrund haben, um Kontraindikationen erkennen zu können. Eine innere Reise soll unter diesen Umständen nicht durchgeführt werden.
Schamanen / Schamaninnen Schamanen sind in indigenen Kulturkreisen anerkannte ExpertInnen des Gesundheits- und Gemeinwesens. Sie sind bei Fragen, Krankheiten, bei der Begleitung von Übergängen oder gemeinschaftsrelevanten Themen die erste Anlaufstelle. Ein Schamane ist nur dann ein Schamane, wenn er von den Geistwesen gerufen wird und sein Handwerk beherrscht.	**Schamanisch Praktizierende** – Schamanische Praktiker bei uns leben nicht in einer schamanischen Kultur. Folglich sollten sie sich aus Gründen des Respekts nicht als Schamanen bezeichnen sondern als schamanisch Praktizierende.
Standard Ein Standard in der schamanischen Arbeit stellt die Gewährleistung der Sicherheit dar.	**Sicherheit** – Menschen sollen nicht einfach in eine Erfahrung gesendet werden, sondern sie sollen verstehen, was sie erfahren und wozu das nützlich ist. Sie müssen vor der Reise wissen, wie diese abgebrochen werden kann. Im Nachgang müssen sie unterstützt werden, die Erfahrung in ihr Leben einzubetten.
Psychoaktive Substanzen Pflanzenmedizin hat eine natürliche und kulturelle Einbettung und wird von Menschen angeboten, die Jahre / Jahrzehnte darin ausgebildet wurden und wird mit indigenen Zeremonien verbunden.	**Sicherheit** – Die Einnahme psychoaktiver Substanzen ist in Deutschland gesetzlich nicht erlaubt. – Da es dennoch zahlreiche Anbieter gibt, die psychoaktive Substanzen verabreichen, wird darauf hingewiesen, dass in den seltensten Fällen eine pflanzenmedizinische oder psychotherapeutische Ausbildung der Veranstalter vorliegt. Von einer Teilnahme an solchen Veranstaltungen ist daher abzuraten.

Tabelle 26: Empfehlungen zur praktischen Arbeit in schamanischen Settings

Quelle: eigene Darstellung und Entwicklung

Empfehlungen zur praktischen Arbeit in schamanischen Settings:
Beziehung
– Eine tragfähige, vertrauensvolle Beziehung zwischen Klient / Supervisand und der Person die begleitet, ist die Basis einer schamanischen oder beraterischen Arbeit und geht jeder Methode voraus.
Transparenz
– Die Vorstellung unterschiedlicher Angebote (Therapie, Beratung, schamanische Arbeit) muss so erfolgen, dass sie für Klienten unterscheidbar sind.   – Die Tätigkeit ergibt sich aus dem Auftrag. Besteht kein Auftrag für schamanische Arbeit, verbietet die Ethik, aktiv zu werden.   – Menschen haben ein Recht darauf zu erfahren, was sie bekommen. Wird etwas anderes, als das Vereinbarte angeboten, muss es im Sinne der Transparenz kommuniziert werden.   – Sollte sich ein Klient für Schamanismus und eine andere Form von Begleitung interessieren, kann es aus Gründen der Unterscheidbarkeit sinnvoll sein, die Bereiche klar zu trennen und ggf. an eine weitere Berater-Persönlichkeit zu vermitteln.
Freiwilligkeit
– Beratende machen Angebote. Das Weltbild der Klienten und Supervisanden soll unangetastet bleiben, d.h. Beratende sollen ihr Weltbild nicht aufdrängen.   – Jede ratsuchende Peron sollte frei wählen und entscheiden können, auf welcher Ebene (siehe vier Ebenen) sie unterstützt werden möchte. Sie sollte nur das tun, was wirklich für sie passt.
Selbstermächtigung
– Menschen in beraterischen / schamanischen Settings sollen im Sinne der Selbstermächtigung eingeladen werden, selbst in die Erfahrung zu gehen.   – Berater oder schamanisch Praktizierende leisten Anschubhilfe und unterstützen Menschen dabei, ihren eigenen Weg wiederzufinden.   – Eine Abhängigkeit zum Berater / schamanisch Praktizierenden soll vermieden werden.

Tabelle 27: Parallelen und Unterschiede zu anderen Ansätzen

Quelle: eigene Darstellung und Entwicklung

Parallelen zu anderen Ansätzen	Unterschiede zu anderen Ansätzen
Veränderter Bewusstseinszustand Bei einer schamanischen Reise entsteht ein innerer entspannter Zustand, ein veränderter Bewusstseinszustand, der den Zugang zur Intuition und zum Unbewussten ermöglicht.	**Veränderter Bewusstseinszustand** Bei einer schamanischen Reise arbeitet der schamanisch Praktizierende in einem veränderten Bewusstseinszustand. Außer bei Ansätzen, die Klienten die Technik der schamanischen Reise näherbringen, damit sie selbst in die geistige Welt reisen können. Bei anderen Verfahren, die einen tranceinduzierten Zustand nutzen, wird der Klient anstelle des Therapeuten oder Coaches in eine Trance versetzt.

Selbstregulation / inneres Wachstum	Konsultation geistiger Wesen
Die schamanische Reise ist wie alle indigenen Traditionen auf Selbstregulation und inneres Wachstum ausgerichtet, sodass die persönlichen Kräfte mobilisiert werden und ins Fließen kommen können.	Bei einer schamanischen Reise konsultiert der schamanisch Praktizierende für seinen Klienten geistige Wesen und bereist dafür die Nichtalltägliche Wirklichkeit. Kraft und die Informationen kommen von den Geistwesen und werden durch den schamanisch Praktizierenden zum Klienten gebracht. Psychologie oder Beratungsansätze kennen keine Geistwesen.

7.2 Beantwortung der Forschungsfrage

Die Frage, wie sich indigene Traditionen des Schamanismus in Beratungsprozesse integrieren lassen, stand im Zentrum dieser Arbeit. Durch diese Masterthesis sollte eine Grundlage geschaffen werden, die daraus resultierenden Detailfragen zu beantworten. Die Autorin setzt voraus, dass dem Leser der Ablauf eines Beratungsprozesses geläufig ist. Des Weiteren geht die Autorin davon aus, dass die systemisch-integrative Ausrichtung, die schwerpunktmäßig im ersten Interview berücksichtigt wurde, bekannt ist.

Nachfolgende Detailfragen wurden zu Beginn der Arbeit formuliert. Im Weiteren werden sie zusammenfassend beantwortet und interpretiert:

- Was sind indigene Traditionen des Schamanismus?
- Welche Charakteristika weist Schamanismus auf?
- Wodurch unterscheidet sich die schamanische von der westlichen Weltsicht?
- Welche Standards und Wirkfaktoren sind für Beratungssettings definiert?
- Welche Parallelen und Unterschiede bestehen zwischen schamanischen und westlichen Ansätzen?
- Welche Rolle nimmt der Coach als schamanisch Praktizierender ein?
- Welche Chancen, Risiken und Gefahren können entstehen?
- Welche Integrationsbedingungen spielen für den Transfer eine Rolle?
- Welche Ansätze zur Adaption können entwickelt werden?

Indigene Traditionen stammen von indigenen Völkern, die alle fünf Erdteile bis in die entlegensten Regionen besiedelt haben. Indigene – oder schamanische – Traditionen sind zwischen 30.000 und 60.000 Jahre alt, eine Einigkeit über das konkrete Alter besteht nicht. Zweifels ohne, sind schamanische Traditionen und Zeremonien alt. Schamanismus wird als Sammelbegriff für zahlreiche Heilrituale und Zeremonien verwendet, die je nach kulturellem Umfeld variieren und sich in zahlreichen Ausdrucksformen zeigen. Zwischen all den Traditionen bestehen fundamentale Prinzipien, die transkulturell existieren. Dazu gehören die Verbindung zur Natur und zur Erde, die bewusste Begegnung mit der geistigen Welt sowie die Haltung des Dienens. Das schamanisch-animistische Weltbild, geht davon aus, dass alles belebt, beseelt und miteinander verbunden ist.

In schamanischen Kulturen gibt es eine Alltägliche und eine Nichtalltägliche Wirklichkeit. Die Alltägliche Wirklichkeit ist die physikalisch-materielle Alltagswelt. Die Nichtalltägliche Wirklichkeit gliedert sich in die Untere und in die Obere Welt und ist durch die Außerzeitlosigkeit und das geistige Prinzip gekennzeichnet.

Schamanen sind die Medizinfrauen und Heiler der indigenen Kulturen. Sie werden zu dieser Aufgabe berufen, gehen durch eine lange Lehrzeit, müssen sich meist öffentlichen Prüfungen unterziehen, um ihre Kenntnisse zu beweisen und setzen ihre Fähigkeiten zum Wohle der Gemeinschaft ein.

In diversen schamanischen Kulturen stellt die Fähigkeit, in Trance zu verfallen, das Hauptmerkmal der schamanischen Arbeit dar. Durch diese Bewusstseinsveränderung können sich die ausführenden Schamanen der schamanischen Reise bedienen um in die „Anderswelt" zu gelangen, um dort die Geistwesen zu konsultieren. Die schamanische Reise gilt als das zentrale Element aller schamanischen Kulturen, unabhängig vom geografischen, zeitlichen oder kulturellen Umfeld. Aus diesem Grund werden Schamanen als Meister der Bewusstseinsveränderung oder als Wanderer zwischen den Welten bezeichnet. Der Zweck einer schamanischen Reise ist auf Informationsgewinnung und Heilung ausgerichtet – daher findet die Reise immer in einem heiligen, geschützten Raum statt. Die kulturell unterschiedlichen Techniken sind in der Regel komplexer Natur. Ein Schamane agiert für die

Gemeinschaft, für die er zuständig ist, was sich in seinem gesamten Tätigkeitsspektrum zeigt.

Bei der Erforschung des Schamanismus hat sich die Foundation for Shamanic Studies als die zentrale Institution in diesem Bereich herausgestellt. Seit mehreren Jahrzehnten leistet die Organisation bedeutsame Aufklärungsarbeit in der westlichen Welt und unterstützt indigene Völker bei der Erhaltung ihrer Traditionen. Die Organisation zeichnet sich vor allen Dingen durch eine „bodenständige" und westlich-wissenschaftliche Orientierung aus. Das Seminarangebot richtet sich an Menschen, die eine fundierte, sichere und wirksame Weiterbildung suchen. An dieser Stelle wird jedoch ausdrücklich darauf hingewiesen, dass auch andere Anbieter wertvolle Seminararbeit leisten und verantwortungsvoll mit ihren Klienten umgehen.

Der Dschungel des schamanischen Angebotsspektrums ist allerdings beinahe unermesslich, daher lohnt es sich genau zu überprüfen, nach welchen Standards die Anbieter ihre Seminare abhalten. In Deutschland kann in einem Wochenendkurs das geheime Wissen der Schamanen „erlernt" und ohne Überprüfung der Qualifizierung eine Praxis für schamanische Heilarbeit eröffnet werden. Schamanische Techniken sind effektiv, flexibel und zeigen eine hohe Wirksamkeit, weswegen es nicht erstaunt, dass manche Teilnehmer nach wenigen Kursen beginnen, in ihren Wohnzimmern zu „behandeln" oder eine Praxis für schamanische Begleitung eröffnen.

Risikoreich wird es allerdings dann, wenn die selbsternannten Schamanen ohne ausreichende Qualifizierung im schamanischen und / oder therapeutischen Bereich in die Tiefen der menschlichen Psyche eindringen. Kritisch wird es auch dann, wenn sie ihre eigene Rolle nicht kennen, sich selbst nicht ausreichend überprüft haben oder gar versuchen, durch die Selbsternennung zum „Schamanen" ihre eigenen behandlungsbedürftigen Probleme zu kompensieren.

Gefährlich wird es dann, wenn in solchen Prozessen Themen geöffnet werden, die nicht ausreichend aufgefangen werden können. Ein Therapeut oder Coach braucht die entsprechenden Basisfähigkeiten, um einen Ratsuchenden halten und begleiten zu können; hierzu gehört eine Handwerkskoffer, der beispielsweise Fragetechniken, Methoden zur Lösung von unangenehmen Emotionen, Distanzierungs- oder

Notfalltechniken enthält. Einen solchen Werkzeugkoffer eignet man sich nicht in ein paar Kursen an! Ein Mensch, der in einem beraterischen oder therapeutischen Bereich arbeiten möchte, braucht eine fundierte Ausbildung. Ein Mensch, der darüber hinaus schamanisch praktizieren möchte, braucht auch in diesem Bereich eine fundierte Ausbildung.

Es ist zu empfehlen, dass ein Coach oder Berater nur ein spirituelles Angebot vorhält, wenn er neben entsprechender Qualifizierung auch ausreichend Erfahrungen in diesem Bereich gesammelt hat, sowie seine Rolle als Berater oder Therapeut reflektiert und überprüft hat. Der schamanische Entwicklungsweg beinhaltet auch für Menschen im Westen eine intensive Arbeit an sich selbst. Das eigene Ego soll in den Hintergrund treten, damit es sich nicht mehr einzumischen braucht. Selbsterlittenes Leid muss geheilt oder versorgt sein, sodass eine adäquate Begleitung anderer Menschen möglich ist. An dieser Stelle ist anzumerken, dass dieser Reflexions- und Entwicklungsprozess nie abgeschlossen ist. Ein verantwortungsvoller Coach bildet sich fortlaufend weiter und nimmt Supervision sowie Intervisionsgruppen in Anspruch. Darüber hinaus nimmt er immer wieder selbst die Rolle des Klienten ein und klärt eigene Themen sowie sogenannte blinde Flecke.

Die Interviewpartner gaben an, dass der spirituelle Aspekt in unserer Gesellschaft vernachlässigt wird. Laut Held gibt es deutlichen Optimierungsbedarf dabei, den spirituellen Aspekt wieder mehr zu integrieren. Urban glaubt, dass uns Spiritualität fehlt und wir dadurch fehlgeleitet sein können. Beide Experten haben auf ihre Weise erklärt, dass der Mensch „auch" ein spirituelles Wesen ist. Im Rahmen der schamanischen Ausbildung „Fieldhealing", an der die Autorin teilgenommen hat, wurde gelehrt, dass der Mensch ein spirituelles Wesen ist, das eine physische Erfahrung in einem menschlichen Körper macht. Die Verbindung zu Natur und Erde ist ein zentrales Prinzip im Schamanismus. In Zeiten von Digitalisierung, stressbedingten Zivilisationskrankheiten und Überbevölkerung kann diese Verbindung dem Menschen dabei helfen, sich zu „erden" oder in die Balance zu finden. Das animistische Weltbild, das alles belebt und beseelt ist, kann dem aufkommenden Gefühl von Einsamkeit in der westlichen Kultur, bedingt durch das Auflösen bekannter familiärer oder gesellschaftlicher Strukturen entgegenwirken. Schamanen und schamanische Praktiker haben ein Interesse daran, die Natur und alle Geschöpfe der Erde zu ehren. Sie möchten ihren Kindern und Kindeskindern eine heile Welt hinterlassen. Weise Alte rufen die Menschen zu Bewusstheit und spiritueller Rückanbindung auf. Diese Rückverbindung und sinnstiftende Ausrichtung ist eine Lebenshaltung, die viele Menschen in der Tiefe ihres Seins – im Herzen – oder auf Seelenebene anspricht.

Werden die Wirkmechanismen in Psychotherapie und Beratung betrachtet, spielen Hoffnung, Sinn, Intuition und Mitgefühl eine bedeutungsvolle Rolle bei Veränderungsprozessen. Die Beziehungsgestaltung ist ein Schlüsselfaktor für die Qualität und den Outcome eines Prozesses. Sie soll vertrauensvoll und beidseitig von Zuversicht dem jeweils anderen gegenüber sowie von Vertrauen in die Behandlungsmethode geprägt sein. In Therapie und Beratung geht es um die tiefen Themen, die den Menschen ausmachen und die ihn bewegen. Veränderungsprozesse zielen darauf ab, dass der Mensch mehr zu dem wird, wie er sein möchte oder er in seinem Leben besser zurechtkommt. In der modernen Wohlstandsgesellschaft geht es immer häufiger darum, dass Menschen ihre tiefgehenden seelischen Leiden mit einem Coach oder Therapeut bearbeiten möchten. Dabei nimmt die Suche nach der Sinnhaftigkeit des eigenen Lebens zu. Spirituelle Ansätze werden gebraucht. Aus Sicht der Autorin ist daher die Betrachtung des spirituellen Aspektes in Coaching und Therapie bedeutsam. Dies gilt nicht für alle Ratsuchenden – wie bei Ryba und Roth beschrieben, passt nie alles auf alle. Jedoch sollte es spirituelle bzw. schamanische Angebote für die Menschen geben, die danach suchen.

Schamanismus als eine Form der Spiritualität ist in der Mitte der modernen Welt angekommen. Der Begriff Integration kann in doppelter Hinsicht interpretiert werden. Einerseits sollen indigene Traditionen nicht losgelöst aus ihrem kulturellen Kontext unreflektiert übernommen oder imitiert werden. Das Erfahrungswissen und die schamanischen Techniken sollen vielmehr so aufbereitet werden, dass sie in die Kultur und damit in das eigene Leben integrierbar sind.

Andererseits stellt sich die Frage, welche Rahmenbedingungen für die Integration schamanischer Techniken in Beratungsprozessen geschaffen werden müssen. Die erarbeiteten *Empfehlungen zur Integration indigener Traditionen*, die unter 7.1 präsentiert wurden, können Coaches und Berater dabei unterstützen, sich selbst und ihr Angebot zu überprüfen. Darüber hinaus können die Empfehlungen auch für Ratsuchende hilfreich sein, da sie so eine Orientierung haben, worauf sie bei der Auswahl eines Anbieters achten können. Die Empfehlungen unterstützen auch beide Seiten dabei, den Prozess immer wieder auf die entsprechenden Standards zu überprüfen.

Abschließend wird eine Übersicht präsentiert, die teilweise aus einem Artikel des Verbandes freier Psychotherapeuten, Heilpraktiker für Psychotherapie und Psychologischer Berater e.V. abgeleitet wurde. Die Tabelle soll ergänzend und zusammenfassend aufzeigen, worin die fundamentalen Unterschiede zwischen Schamanismus und modernen Ansätzen bestehen.

Tabelle 28: Schamanismus versus moderne Ansätze

Quelle: eigene Darstellung; teilweise Ableitung nach Seeler[252]

	Schamanismus	**Moderne Therapie / Beratung**
Alter	Uralt 30.000 Jahre oder älter	Neu 100 Jahre
Weltbild	Parallelwelten Animismus	Linear-Materialistisch
Einsatz	Tradition nur in der schamanischen Kultur erfahrbar	Techniken im Kern in moderner Welt einsetzbar
Mensch	Einheit von Psyche, Geist, Spirit und Körper	Trennung in Psychisch, Somatisch oder Psychosomatisch
Krankheit	Etwas nicht in Gleichklang, für Ausgleich der Kräfte sorgen	Etwas „Schlechtes" wegmachen, reparieren
Weg	Seele wird als Ort der wahren Kraft angesehen; Seelenanteile extrahieren / integrieren = Heilungsweg	kategorisierte, standardisierte Verfahren zur Abwehr der Krankheit Wiedererlangung von Gesundheit = Behandlungskonzepte
Elemente	Geisthelfer, Ahnen, Seelen, Geister & andere Erscheinungsformen	Unbewusstes, Verdrängtes, Ich, Es, Über-Ich, Krankheit, Gesundheit
Aktivität	Schamane begibt sich auf Trancereise für den Klienten	Therapeut, Berater ist im Zustand der Abstinenz

---

252 Seeler (2013), URL: https://www.vfp.de/verband/verbandszeitschrift/alle-ausgabe n/59-heft-01-2013/84-schamanismus-und-moderne-psychotherapie.html.

| Helfer-Rolle | – Medizinmann, Weiser, Heiler etc.
– „Kontakt-Spezialist" zur nicht-all-
  täglichen Welt
– Berufungserlebnis häufig durch
  Krankheit
– Lehrzeit bei Meister
– Initiation und Vision | – Definierte Standards
– Vorgehen darf mit Ethos nicht kolli-
  dieren
– gewisse Berufung
– Eigentherapie, Supervision
– Ausbildung, wissenschaftlicher Hin-
  tergrund |

8 Fazit

8.1 Betrachtung der Ausgangshypothese

Zu Beginn stand die Ausgangshypothese, dass es gewinnbringend sein kann, Spiritualität in Form schamanischer Elemente in westliche Beratungssettings zu integrieren. Diese Annahme wurde im Verlauf dieser Masterthesis stringent überprüft. Die Antworten der Analyse zeigen, dass die Hypothese zutreffend ist – allerdings unter gewissen Voraussetzungen.

Psychotherapeutische- und Beratungsprozesse können als „Verstehensprozesse" bezeichnet werden. Psychotherapeuten oder Coaches arbeiten mit ihren Klienten innerhalb der Biographie und der persönlichen Geschichten. Angestrebt werden kognitive und emotionale „Lösungen" mittels verbaler Kommunikation, bestimmter Methoden und der Beziehungsgestaltung zwischen Beratendem und Ratsuchendem.

Schamanen gehen mit ihren Klienten auf eine andere Ebene. Das gesprochene Wort interessiert auf dieser Ebene „eigentlich" nicht. Die Welt der „Spirits" und der Seele kann sich jedem Menschen in anderen Bildern, Farben, Tönen und Klängen zeigen. Das Hauptwerkzeug der indigenen Traditionen stellt die schamanische Reise dar. Sie gilt als ein Weg zu altem Wissen und Weisheit. Schamanisch Tätige können sich bewusst in einen Alpha- oder Theta-Zustand versetzen. Durch diese Veränderung des Bewusstseins haben sie auf eine größere Datengrundlage Zugriff und die bestehenden Schutz- und Kontrollmechanismen lassen nach. Das Gehirn kann auf einen Bereich zugreifen, der im Alltagsbewusstsein nicht zugänglich ist. Klienten können in den rituellen Prozessen ähnliche Veränderungen ihres Bewusstseins erleben. Bei diesen Prozessen steht das Erleben im Mittelpunkt. Durch eine Veränderung des Bewusstseins wird ein ritueller Wandel vollzogen. Diese „Erfahrungsprozesse" dienen höheren Erkenntnissen in der spirituellen Welt.

Reisen in die Untere oder Obere Welt können an klassische Ansätze erinnern, bei denen ebenfalls mit dem Unbewussten, dem Unterbewusstsein oder dem Überbewussten gearbeitet wird. Parallelen finden sich beispielsweise in der Psychologie von C.G. Jung, in der Transaktionsanalyse, in der Hypnotherapie, bei Autogenem Training, progressiver Muskelentspannung, der Methode EMDR oder der Arbeit mit den inneren Persönlichkeitsanteilen der Systemischen Therapie.

Der wesentliche Unterschied zu indigenen Techniken ist die Ebene, auf der die Arbeit stattfindet. Im Schamanismus wird der spirituelle Aspekt eines Themas behandelt, daher kann er als Komplementäransatz angesehen werden. Es geht nicht darum, andere Disziplinen des Gesundheits- und / oder Beratungswesens durch schamanische Angebote zu ersetzen, sondern das bestehende Angebot zu erweitern. Sowohl die wissenschaftlich überprüfbaren Methoden als auch das uralte Erfahrungswissen haben ihre Berechtigung und können sich ergänzen.

Holistische Gedankenansätze sehen den Menschen als Teil des Universums. Wird der Mensch in seiner Einheit aus Körper, Geist und Seele anerkannt, ist es naheliegend, dass auch der Seele ein Platz in der modernen Beratung eingeräumt wird, wie es durch schamanisches Arbeiten geschieht. Dabei geht es nicht darum, moderne Beratungsansätze oder Heilweisen durch schamanische Arbeiten zu ersetzen. Ein Schamane reist in andere Wirklichkeiten, um aus größerer Distanz und in spiritueller Verbindung mit andern Wirkmechanismen hinter das Vordergründige, das Offensichtliche zu schauen. Genauso könnte auch dieser umfassendere und weiter gespannte Blickwinkel neue Einsichten in der modernen Beratung und Therapie bescheren.[253]

Klienten, die gewillt sind, sich auf solch eine „Reise" zu begeben, kann diese umfassende Herangehensweise bereichern. Durch Integration der spirituell-seelischen Ebene in die Beratung kann von einer „ganzheitlichen" Betrachtung gesprochen werden. Durch den komplementären Ansatz entsteht nicht weniger, sondern ein Mehr aus dem geschöpft werden kann. Dieses Mehr kann sowohl für den Berater eine Bereicherung im Umgang mit seinen eigenen Ressourcen als auch für

---

253 Vgl. Seeler (2013), URL: https://www.vfp.de/verband/verbandszeitschrift/alle-aus
gaben/59-heft-01-2013/84-schamanismus-und-moderne-psychotherapie.html.

den Klienten vorteilhaft sein, da die Zugänge und Lösungen über das bekannte Setting hinausgehen können.

Schamanismus landet häufig in einer Ecke abwertender Bedeutungszuschreibungen und esoterischer Klischees. Ein persönliches Anliegen der Autorin bestand darin, indigenes Wissen durch die Brille der Wissenschaft zu betrachten und dazu beizutragen, die oftmals negativ behafteten Assoziationen zu reduzieren. Der Umgang mit schamanischen Techniken kann mit einem Küchenmesser in der Hand eines Menschen verglichen werden. Das Küchenmesser ist weder „gut" noch „schlecht" – es kommt auf den Mensch an, der das Messer bedient, ob er ein Gericht damit zubereitet oder eine andere Person verletzt. Ein Mensch, der schamanisch praktiziert, braucht eine hohe Integrität. Neben all den beschriebenen Empfehlungen zur Ausbildung der Berater-Persönlichkeit sollte er mit beiden Beinen auf der Erde stehen und im alltäglichen Leben fest verankert sein. Nur ein Mensch, der einen Standpunkt hat, kann andere Menschen in die Tiefen ihrer selbst begleiten und sie mit auf eine „Reise" nehmen. Die Metapher einer „Reise" kann auf die gesamte therapeutische und beraterische Vorgehensweise übertragen werden. Ratsuchende begeben sich mit ihrem Begleiter auf eine persönliche Wachstumsreise, indem sie unbekanntes Terrain betreten. Berater und Therapeuten begeben sich mit ihren Klienten auf eine Reise, indem sie wertschätzen, unterstützen, aktivieren, motivieren, kommunizieren, verstehen, mitfühlen und Ressourcen aktivieren – sie kennen die Methoden, um vom Problem zur Lösung zu reisen. Sie stellen einen sicheren Raum der Möglichkeiten zur Verfügung, in dem Ratsuchende Erfahrungen machen, wachsen und sich entwickeln können. Es obliegt jedoch jedem Einzelnen, die zu gehenden Schritte zu tun. Die Veränderung geschieht nicht im Außen, sondern im Herzen der Menschen.

8.2 Ausblick über den Tellerrand hinaus

Mit diesem Ausblick über den Tellerrand hinaus möchte ich als Autorin ein persönliches Fazit ziehen. Diese Thesis beschäftigte sich mit der Integration indigener Traditionen in Beratungssettings. Während des Schreibprozesses stellte sich mir die Frage, was unter den Begriffen „Integration" und „Beratung" gefasst werden kann. Dabei wurde mein Blick neben den individuellen auch auf die kollektiven Prozesse gerichtet. Immer mehr drängte sich mir der Gedanke auf, wie sich eine Integration jahrtausendealter Weisheiten auf die westlich geprägte Gesellschaft sowie die Rückbesinnung der Menschen auf die großen Prozesse des Weltgeschehens auswirken würde.

Augenscheinlich stehen wir an einem Punkt der Menschheitsgeschichte, an dem die vorherrschend wirtschaftlich gesteuerten Systeme zu versagen drohen. Der moderne und konsumorientierte Mensch lebt als gäbe es kein Morgen – weit über seine Verhältnisse. Der WWF-Report ist eine der bedeutsamsten Studien über den allgemeinen Zustand der Erde. Festgestellt wurde, dass der „Fußabdruck", den der Mensch in der Natur hinterlässt, dafür sorgt, dass die weltweiten Ressourcen wesentlich schneller aufgebraucht werden als sie erneuert werden können.[254] Der Earth Overshoot Day – oder Welterschöpfungstag – fiel im Jahr 2019 auf den 29. Juli. Das bedeutet: Ab diesem Tag leben wir auf Pump, indem wir Raubbau betreiben. Wir verbrauchen mehr natürliche Ressourcen als nachwachsen können. Das Stichwort Nachhaltigkeit verkommt in diesem Zusammenhang zu einer leeren Floskel, denn der Erdüberlastungstag kommt immer früher. Zweifelsohne kann die Verantwortung für diesen symbolisch zu verstehenden Überlastungstag, der auch mit allerlei Kritik behaftet ist, den Industrie- und Schwellenländern zugeschrieben werden. Würden alle Menschen so leben, wie die Deutschen, bräuchten wir bereits jetzt drei Erden pro Jahr. Die Folgen dieser Ausbeutung sind immens und zeigen sich beispielsweise darin, dass die Polkappen schmelzen, die Meere übersäuern, Süßwasserquellen versiegen, Wälder schrumpfen, Landschaften versteppen, Tier- und Pflanzenarten aussterben, Fischbestände schwinden, die Wetterlagen extremer werden.[255]

Der drohende Klimakollaps könnte als Resultat der vornehmlich egoorientierten Ausrichtung auf Gewinnmaximierung des Einzelnen sowie der Welt-Konzerne angesehen werden.

---

254 Vgl. Axel Springer SE (2008), URL: https://www.welt.de/wissenschaft/article2648 789/Der-Mensch-lebt-weit-ueber-seine-Verhaeltnisse.html.
255 Vgl. Utopia Team (2019), URL: https://utopia.de/ratgeber/earth-overshoot-day/.

Allgemein bekannt ist, dass die Kluft zwischen Arm und Reich stetig wächst.[256] Ein Wettrennen um Geld, Macht und Ressourcen ist für uns Menschen der westlichen Welt in Zeiten von Termindruck, Überbelastung und ständiger Erreichbarkeit zu einem Normalzustand mutiert. Wir rennen durch unser Leben, fixieren uns so auf die Zukunft, dass wir die Gegenwart nicht genießen können. Wir richten unser Bestreben auf monetäre Werte aus und opfern unsere Gesundheit, um das Geld zu verdienen, welches wir später brauchen, um unsere Gesundheit zurückzubekommen.[257]

Im Wettrennen gegen die Zeit nehmen bei den Menschen stressbedingte Zivilisationskrankheiten zu. Einer Studie der Techniker Krankenkasse nach fühlen sich mehr als die Hälfte der Deutschen gestresst – beruflich wie privat. Dies zeigt sich in hoher Anspannung, niedriger Reizschwelle, zu vielen Gedanken zur gleichen Zeit und einer genervten Ungeduld anderen sowie sich selbst gegenüber.[258] „Eine beliebte Metapher für den modernen Menschen mit all seinem Stress, seiner Belastung und seinen Zwängen ist das Hamsterrad. Außen der Käfig und mittendrin der hechelnde Hamster, für den es unter Hochdruck scheinbar immer vorangeht und der doch in seiner Hast eigentlich auf der Stelle tritt."[259] Langfristig hat dieses ständige unter Strom stehen Folgen. Jeder Dritte ist chronisch krank, fast jeder Dritte fühlt sich oft ausgebrannt. Die stressbedingten Zivilisationskrankheiten reichen von Rückenschmerzen über Schlafstörungen, Kopfschmerzen, Nervosität, Herz-Kreislaufbeschwerden bis hin zu Depressionen und Magenbeschwerden.[260]

Die Liste dieser Beispiele ließe sich noch weiter fortführen. Es scheint, als hätte der moderne Mensch in diesem Dauerlauf um zeitliche, ma-

---

256 Vgl. Dunz (o.J.), URL: https://rp-online.de/politik/deutschland/studie-schere-zwi schen-arm-und-reich-gross-wie-nie-vermoegensteuer-die-loesung_aid-46337499.

257 In Anlehnung an Voltaire, Strauß (o.J.), URL: https://www.zitateundsprueche.co m/in-der-haelfte-des-lebens-opfern-wir-unsere-gesundheit-um-geld-zu-verdiene n/.

258 Vgl. Techniker Krankenkasse (2016), S. 6, URL: https://www.tk.de/resource/blob/ 2026630/9154e4c71766c410dc859916aa798217/tk-stressstudie-2016-data.pdf.

259 S. Techniker Krankenkasse (2016), S. 30, URL: https://www.tk.de/resource/blob/2 026630/9154e4c71766c410dc859916aa798217/tk-stressstudie-2016-data.pdf.

260 Vgl. Techniker Krankenkasse (2016), S. 46 f., URL: https://www.tk.de/resource/bl ob/2026630/9154e4c71766c410dc859916aa798217/tk-stressstudie-2016-data.pdf.

terielle und natürliche Ressourcen etwas verloren. Möglicherweise ist es das tiefe Verständnis für das Zusammenwirken von Mensch und Natur. Die täglichen Nachrichten nähren in ihrer immer wiederkehrenden Dramatik die Angst und die Orientierungslosigkeit der Menschen. Diese Zeichen unserer Zeit könnten als Preis des Wohlstandes des 21. Jahrhunderts gewertet werden. Denn sie wissen nicht was sie tun!? So einfach ist es nicht. Schon längst wissen wir: So wie bisher können wir nicht weiter agieren! Ein „Plan(et) B" existiert nicht. Auswandern oder Umziehen – unmöglich. Die Erde ist unsere Lebensgrundlage. Gleiches gilt für unsere Seelen. Wir können nicht an die Börse gehen und um eine neue Seele spekulieren, wenn wir uns selbst zerstört haben. Wollen wir unseren Kindern später wirklich erzählen, dass wir es nicht besser gewusst haben? Wie soll das möglich sein, wenn diese hochintelligente Gesellschaft doch genau weiß was sie anrichtet.

Was also müsste geschehen, um unseren Kindern und Kindeskindern eine heile Welt zu hinterlassen? Diese Frage trifft genau den Zahn der Zeit. Die Schüler-Bewegung „Fridays for Future" setzt sich für einen effektiven Klimaschutz ein, indem weltweit jeden Freitag tausende Schüler ihren Unterricht bestreiken.[261] Jugendliche gehen auf die Straßen und erheben ihre Stimmen.

Ein Umdenken in Wirtschaft und Klimapolitik muss „tief" stattfinden. Mögliche Brücken bieten die Aspekte des Schamanismus, denn diese setzten am Kern von Mensch und Natur an. Ein fundamentales Prinzip dieser uralten Weisheiten ist das tiefe Verständnis, dass alles belebt und miteinander verbunden ist. Alles ist eins. Erkennen wir dies an, können wir uns gegenseitig nicht mehr umbringen oder ausbeuten. Dadurch heben sich sämtliche Trennungen auf und wir können aus Einsamkeit in die Gemeinschaft finden. Erkennen wir, dass die Schönheit des Menschseins darin besteht, uns selbst und allen anderen Lebewesen zu dienen, können wir zurück zu innerer Gnade finden.

Bei der Frage danach, was wir von den Urvölkern dieser Erde lernen können, lautet die Antwort: Back to the roots! In den Menschen herrscht eine tiefe Sehnsucht nach Rückanbindung und Orientierung. Diese Thesis hat gezeigt, dass spirituelle Rückbesinnung ein Schlüssel

---

261 Vgl. ZEIT Campus (2019), URL: https://www.zeit.de/thema/fridays-for-future.

sein kann. Dabei spielt es keine Rolle, ob wir nun an Geistwesen glauben oder nicht. Es geht darum anzuerkennen, dass die Grundprinzipien dieser jahrtausendealten Traditionen einen erprobten „Werkzeugkasten" darstellen. Sie funktionieren. Wenn etwas funktioniert, mach' mehr davon. Wenn etwas nicht funktioniert, mach' etwas anderes. Dieses Zitat, des Begründers der Lösungsorientierten Beratung, Steve de Shazer, gibt die Richtung vor.

Aus diesen Schlussgedanken ergibt sich ein weiterer Forschungsbedarf oder eine Konzeptentwicklung für die großen Beratungsprozesse, welche die Integration spiritueller Ansätze in den Fokus rücken. Wird uraltes Wissen gepaart mit Erkenntnissen der modernen Wissenschaft, liegt in dieser Vereinigung ein ganzheitlicher Ansatz, der nichts weniger als eine Chance für die Menschheit sein könnte. Das Wissen ist da. Nutzen wir es!

Danksagung

Allen Menschen, die mich bei der Erstellung dieser Masterthesis unterstützt haben, möchte ich herzlich danken.

Besonders möchte ich mich bei meinem Professor Markus Jüster bedanken, dass er mich dazu ermutigt hat, mich mit diesem unkonventionellen Thema zu beschäftigen. In einem persönlichen Gespräch, in dem ich meine Unsicherheit in Bezug auf die Themenstellung ausdrückte, fragte er mich: „Frau Welsing, wenn Sie diese Gabe mit der Post bekommen hätten, würden Sie sie dann zurückschicken?" Damals leicht irritiert, verneinte ich, woraufhin der Professor konterte: „Dann wird es jetzt Zeit, dass Sie zu dem stehen, was Ihre Berater-Persönlichkeit auszeichnet und Sie diesen Schritt wagen."

Durch den Schreibprozess, der eine großartige Chance war, meine Persönlichkeit zu entwickeln, konnte ich erkennen, dass es nicht darum geht, das zu machen, was alle tun, sondern darum, ein „Original" zu sein. Wenn wir neu denken, mutig eigene Wege gehen und das tun, was wir lieben, bereichern wir diese Welt.

Literaturverzeichnis

Arbeitsgemeinschaft Ethnomedizin (AGEM)/Gottschalk-Batschkus, Christine E./ Reichert Dieter (Hrsg.) (2000): Wanderer zwischen den Welten. Schamanismus im neuen Jahrtausend, Murnau.

Assländer, Friedrich (2012): Vom Coach zum "Seelsorger", in: Hänsel, Markus (Hrsg.): Die spirituelle Dimension in Coaching und Beratung, Göttingen, Niedersachs, S. 14–26.

Barve, Karin (2013): Neo-Schamanismus: Heilkunst oder Scharlatanerie? Über die sozialen und psychischen Wirkungslogiken neo-schamanischer Heilrituale, Hamburg.

Binder-Fritz, Christine (2000): Von einander lernen heisst, etwas miteinander teilen. Hohepa Kereopa, in: Arbeitsgemeinschaft Ethnomedizin (AGEM)/Gottschalk-Batschkus, Christine E./Reichert Dieter (Hrsg.): Wanderer zwischen den Welten. Schamanismus im neuen Jahrtausend, Murnau, S. 63–69.

Brentrup, Martin/Kupitz, Gaby (2015): Rituale und Spiritualität in der Psychotherapie, Göttingen.

Castaneda, Carlos (2017): Die Lehren des Don Juan. Ein Yaqui-Weg des Wissens, 39. Aufl., Frankfurt am Main.

Castaneda, Carlos (2018): Das Wirken der Unendlichkeit, 8. Aufl., Frankfurt am Main.

Eliade, Mircea (2016): Schamanismus und archaische Ekstasetechnik, 16. Aufl., Frankfurt am Main.

Federspiel, Krista/Lackinger Karger, Ingeborg (Hrsg.) (1996): Kursbuch Seele. Was tun bei psychischen Problemen?; Beratung, Selbsthilfe, Medikamente; 120 Psychotherapien auf dem Prüfstand, Köln.

Fischer, Karl Maximilian (2003a): Gedanken zur Heimkehr der Seele, in: Fischer, Karl Maximilian (Hrsg.): Heimkehr der Seele. Psychotherapie und Spiritualität; Vorträge der 3. Tagung des Österreichischen Arbeitskreises für Transpersonale Psychologie und Psychotherapie, Linz, S. 13–15.

Fischer, Karl Maximilian (Hrsg.) (2003b): Heimkehr der Seele. Psychotherapie und Spiritualität; Vorträge der 3. Tagung des Österreichischen Arbeitskreises für Transpersonale Psychologie und Psychotherapie, Linz.

Gläser, Jochen/Laudel, Grit (2010): Experteninterviews und qualitative Inhaltsanalyse als Instrumente rekonstruierender Untersuchungen, 4. Aufl., Wiesbaden.

Goldner, Colin (1997): Psycho. Therapien zwischen Seriosität und Scharlatanerie, Augsburg.

Gottschalk-Batschkus, Christine E./Green Joy C. (Hrsg.) (2002): Handbuch der Ethnotherapien. Handbook of ethnotherapies, Hamburg.

Griebert-Schröder, Vera (2011): Und in der Mitte bist du heil. Neue Orientierung durch die Kraft des Medizinrads; Ein schamanischer Wegweiser, München.

Grünwedel, Heiko (2013): Schamanismus zwischen Sibirien und Deutschland. Kulturelle Austauschprozesse in globalen religiösen Diskursfeldern, Bielefeld.

Hänsel, Markus (2012a): Die spirituelle Dimension als sinnstiftender Möglichkeitsraum im Coaching, in: Hänsel, Markus (Hrsg.): Die spirituelle Dimension in Coaching und Beratung, Göttingen, Niedersachs, S. 27–62.

Hänsel, Markus (2012b): Paul Kohtes im Interview: Eine Frage der Haltung – Spirit im Business und Coaching, in: Hänsel, Markus (Hrsg.): Die spirituelle Dimension in Coaching und Beratung, Göttingen, Niedersachs, S. 63–68.

Harner, Michael (12/2013): Der Weg des Schamanen. Das praktische Grundlagenwerk zum Schamanismus, 4. Aufl., München.

Harner, Michael (2016): Die Wirklichkeit des Schamanen. Ein Wegweiser in verborgene Welten und Bewusstseinsräume, München.

Hasslinger, Michael (2014): Wozu schamanisieren?, in: Picard, Winfried/Wohlfarter, Sylvia (Hrsg.): Schamanismus heute. Aktuelle Berichte aus Forschung und Praxis, Ahlerstedt, S. 55–73.

Hell, Christina (2000): Heilen in der Trance. Das ladakhische Orakel Lhamo Tsewang Dolma, in: Arbeitsgemeinschaft Ethnomedizin (AGEM)/Gottschalk-Batschkus, Christine E./Reichert Dieter (Hrsg.): Wanderer zwischen den Welten. Schamanismus im neuen Jahrtausend, Murnau, S. 17–22.

Ingerman, Sandra (2010): Auf der Suche nach der verlorenen Seele. Der schamanische Weg zu innerer Ganzheit, 5. Aufl., München.

Ingerman, Sandra (2011): Die schamanische Reise. Ein spiritueller Weg zu sich selbst, 6. Aufl., München.

Jung, C. G. u. a. (Hrsg.) (2012): Der Mensch und seine Symbole, 18. Aufl., Ostfildern.

Jung, C. G. (2012): Zugang zum Unbewussten, in: Jung, C. G. u. a. (Hrsg.): Der Mensch und seine Symbole, 18. Aufl., Ostfildern, S. 20–101.

Kolb, Norma (2000): Meine Waffe ist die Liebe. Papa Elie Hien, in: Arbeitsgemeinschaft Ethnomedizin (AGEM)/Gottschalk-Batschkus, Christine E./Reichert Dieter (Hrsg.): Wanderer zwischen den Welten. Schamanismus im neuen Jahrtausend, Murnau, S. 11–15.

Kuby, Clemens (2008): Unterwegs in die nächste Dimension. Meine Reise zu Heilern und Schamanen, 12. Aufl., München.

Künzel, Cornelia (2018): Schamanische Entwicklungswege. Forschungsbericht über die Entwicklung schamanisch Praktizierender in Deutschland, Berlin,

Latendorf, Ute (2014): Was ich dir schenken will. Proviant fürs Leben, Ostfildern.

Lüpke, Geseko von (Hrsg.) (2008a): Altes Wissen für eine neue Zeit. Gespräche mit Heilern und Schamanen des 21. Jahrhunderts, 7. Aufl., München.

Lüpke, Geseko von (2008b): Das Eis in den Herzen schmelzen. Gespräch mit dem grönländischen Inuit-Schamanen, in: Lüpke, Geseko von (Hrsg.): Altes Wissen für eine neue Zeit. Gespräche mit Heilern und Schamanen des 21. Jahrhunderts, 7. Aufl., München, S. 58–82.

Lüpke, Geseko von (2008c): Der Regenmacher der Seele. Gespräch mit dem peruanischen Amazonas Schamanen und Pflanzen-Heiler, in: Lüpke, Geseko von (Hrsg.): Altes Wissen für eine neue Zeit. Gespräche mit Heilern und Schamanen des 21. Jahrhunderts, 7. Aufl., München, S. 156–168.

Lüpke, Geseko von (2008d): Die verwundete Heilerin. Gespräch mit der koreanischen Tanz-Schamanin, in: Lüpke, Geseko von (Hrsg.): Altes Wissen für eine neue Zeit. Gespräche mit Heilern und Schamanen des 21. Jahrhunderts, 7. Aufl., München, S. 244–264.

Lüpke, Geseko von (2008e): Uralte Traditionen im Licht des modernen Denkens. Gespräch mit dem peruanischen Inka-Schamanen, in: Lüpke, Geseko von (Hrsg.): Altes Wissen für eine neue Zeit. Gespräche mit Heilern und Schamanen des 21. Jahrhunderts, 7. Aufl., München, S. 83–103.

Marx, Susanne (2010): Schamanismus praktisch. Wie Sie aus der inneren Weisheit alter Kulturen schöpfen, Kirchzarten bei Freiburg.

Mayer, Gerhard (2003): Schamanismus in Deutschland. Konzepte – Praktiken – Erfahrungen. Beiträge zur wissenschaftlichen Erforschung außergewöhnlicher Erfahrungen und Phänomene, Würzburg.

Mayer, Gerhard/Schetsche, Michael (2006): Schamanen – Wanderer zwischen den Welten, in: Gebhardt, Winfried/Hitzler, Ronald (Hrsg.): Nomaden, Flaneure, Vagabunden. Wissensformen und Denkstile der Gegenwart, Wiesbaden, S. 216–227.

Mayring, Philipp (2015): Qualitative Inhaltsanalyse. Grundlagen und Techniken, 12. Aufl., Weinheim.

Mayring, Philipp (2016): Einführung in die qualitative Sozialforschung. Eine Anleitung zu qualitativem Denken, 6. Aufl., Weinheim/Basel.

Müller-Ebeling, Claudia (2002): Nicht alle Heiler sind Schamanen – Ein Überblick über die Vielfalt der Heilmethoden, in: Gottschalk-Batschkus, Christine E./Green Joy C. (Hrsg.): Handbuch der Ethnotherapien. Handbook of ethnotherapies, Hamburg, S. 13–16.

Oehlrich, Marcus (2019): Wissenschaftliches Arbeiten und Schreiben. Schritt für Schritt zur Bachelor- und Master-Thesis in den Wirtschaftswissenschaften, 2. Aufl., Berlin, Germany.

Picard, Winfried (2006): Schamanismus und Psychotherapie. Kräfte der Heilung, Ahlerstedt.

Picard, Winfried (2014): Schamanismus und Psychotherapie. Kräfte der Heilung, 2. Aufl., Ahlerstedt.

Picard, Winfried/Wohlfarter, Sylvia (Hrsg.) (2014): Schamanismus heute. Aktuelle Berichte aus Forschung und Praxis, Ahlerstedt.

Pollack, Detlef (2019): Spirituell, aber nicht religiös? Analyse der Gegenwart und Thesen zu einer möglichen zukünftigen Entwicklung, in: Rötting, Martin/Hackbarth-Johnson, Christian (Hrsg.): Spiritualität der Zukunft. Suchbewegungen in einer multireligiösen Welt, S. 25–42.

Pyerin, Brigitte (2019): Kreatives wissenschaftliches Schreiben. Tipps und Tricks gegen Schreibblockaden, 5. Aufl., Weinheim/Basel.

Reimers, Andreas (2000): Auf den Spuren der Nepalesischen Urschamanen. Mohan Rai, Indra Gurung und Maile Lama, in: Arbeitsgemeinschaft Ethnomedizin (AGEM)/Gottschalk-Batschkus, Christine E./Reichert Dieter (Hrsg.): Wanderer zwischen den Welten. Schamanismus im neuen Jahrtausend, Murnau, S. 29–46.

Ryba Alica/Roth, Gerhard (2019): Coaching und Beratung in der Praxis. Ein neurowissenschaftlich fundiertes Integrationsmodell, Stuttgart.

Schmid, Bernd (2012): Seele, Schuld und berufliches Handeln in Organisationen, in: Hänsel, Markus (Hrsg.): Die spirituelle Dimension in Coaching und Beratung, Göttingen, Niedersachs, S. 81–93.

Steiner, Roman (2014): Animismus und Schamanismus, in: Picard, Winfried/Wohlfarter, Sylvia (Hrsg.): Schamanismus heute. Aktuelle Berichte aus Forschung und Praxis, Ahlerstedt, S. 147–153.

Straessle, Ulla (2014): Andererseits, in: Picard, Winfried/Wohlfarter, Sylvia (Hrsg.): Schamanismus heute. Aktuelle Berichte aus Forschung und Praxis, Ahlerstedt, S. 21–27.

Strübing, Jörg (2018): Qualitative Sozialforschung. Eine komprimierte Einführung, 2. Aufl., Berlin.

Thalhamer, August (2014): Der Heilungsweg des Schamanen im Lichte westlicher Psychotherapie und christlicher Überlieferung, Steyr.

Uccusic, Paul (2001): Der Schamane in uns. Schamanismus als neue Selbsterfahrung, Hilfe und Heilung, 4. Aufl., Kreuzlingen.

Uhlig, Mirko (2016): Schamanische Sinnentwürfe? Empirische Annäherungen an eine alternative Kulturtechnik in der Eifel der Gegenwart, Münster.

Urban, Roland (2016): Schamanismus und Wissenschaft, in: Urban, Roland/Hirsch, Andreas J. (Hrsg.): Schamanismus und Wissenschaft, 2. Aufl., Linz, S. 20–26.

Urban, Roland/Hirsch, Andreas J. (Hrsg.) (2016): Schamanismus und Wissenschaft, 2. Aufl., Linz.

Urban, Roland/Laurent, Huguelit (Hrsg.) (2018): Schamanismus und Ökologie, Linz.

Vajda, Götzfried (1999): Zur phaseologischen Stellung des Schamanismus, in: Götzfried, Xaver/Höllmann Thomas O./Müller Claudius (Hrsg.): Ethnologica. Ausgewählte Aufsätze, Wiesbaden, S. 145–171.

Villoldo, Alberto (2009): Mutiges Träumen. Wie Schamanen Realitäten erträumen, 9. Aufl., München.

Villoldo, Alberto/Hickisch, Burkhard (2001): Das geheime Wissen der Schamanen. Wie wir uns selbst und andere mit Energiemedizin heilen können, 12. Aufl., München.

Walsh, Roger N. (1992): Der Geist des Schamanismus, Olten.

Zumstein, Carlo (2003): Seelenrückholung – der schamanische Weg zur inneren Ganzheit, in: Fischer, Karl Maximilian (Hrsg.): Heimkehr der Seele. Psychotherapie und Spiritualität; Vorträge der 3. Tagung des Österreichischen Arbeitskreises für Transpersonale Psychologie und Psychotherapie, Linz, S. 175–194.

Online-Quellen

Axel Springer SE, Welt (2008): Ressourcen-Verbrauch: Der Mensch lebt weit über seine Verhältnisse, URL: https://www.welt.de/wissenschaft/article2648789/Der-Mensch-lebt-weit-ueber-seine-Verhaeltnisse.html, Stand: 8. Januar 2020.

Bader, Hermann (2002): Anatomie der Seele, URL: http://baderbuch.de/seele/Anatomie_der_Seele.pdf, Stand: 28. September 2019.

Berufsverband BAPS – Schamanismus (2019): Wissenschaftlicher Schamanismus, URL: https://www.neoschamanismus.ch/baps-berufsverband/, Stand: 8. Januar 2020.

Biebeler Marga (2019): Die Philosophin – Zyklische Zeit, URL: https://diephilosophin.de/tag/zyklische-zeit/, Stand: 8. Januar 2020.

Brockhaus Enzyklopädie Online (2020): Gesundheit – Enzyklopädie – Brockhaus.de, URL: https://brockhaus.de/ecs/enzy/article/gesundheit, Stand: 8. Januar 2020.

Deutsche Gesellschaft für die Vereinten Nationen e.V. (2009): Rechte indigener Völker, URL: https://dgvn.de/veroeffentlichungen/publikation/einzel/rechte-indigener-voelker/, Stand: 8. Januar 2020.

Dunz, Kristina (o.J.): Studie: Schere zwischen Arm und Reich groß wie nie – Vermögensteuer die Lösung?, URL: https://rp-online.de/politik/deutschland/studie-schere-zwischen-arm-und-reich-gross-wie-nie-vermoegensteuer-die-loesung_aid-46337499, Stand: 7. Januar 2020.

Endres, Cornelia (o.J.): EXPERTENINTERVIEW | Der Leitfaden für die Bachelorarbeit, URL: https://www.bachelorprint.de/experteninterview/, Stand: 8. Januar 2020.

Evangelischer Presseverband für Bayern e.V. (2017): Video-Dokumentation der Tagung | Spiritualität der Zukunft, URL: http://www.spiritualitaet-der-zukunft.de/vortr-ge, Stand: 8. Januar 2020.

Foundation for Shamanic Studies Europe (o.J.): Paul Uccusic, URL: https://www.shamanicstudies.net/fakultaet/paul-uccusic/, Stand: 8. Januar 2020.

Foundation for Shamanic Studies Europe (2019): Basis-Seminar: Der Weg des Schamanen – Foundation for Shamanic Studies Europe, URL: https://www.sha manicstudies.net/der-weg-des-schamanen/, Stand: 8. Januar 2020.

Foundation for Shamanic Studies Europe (2019): Fakultät, URL: https://www.sha manicstudies.net/fakultaet/, Stand: 8. Januar 2020.

Foundation for Shamanic Studies Europe (2019): Fortgeschrittenen Seminare, URL: https://www.shamanicstudies.net/fortgeschrittenen-seminare/, Stand: 8. Januar 2020.

Foundation for Shamanic Studies Europe (2019): Harner Shamanic Counseling™, URL: https://www.shamanicstudies.net/harner-shamanic-counseling/, Stand: 8. Januar 2020.

Foundation for Shamanic Studies Europe (2019): Schamanismus in Europa, URL: https://www.shamanicstudies.net/, Stand: 8. Januar 2020.

Harmsen, Rieke C. (2017): Spiritualität in Deutschland: Was die Zahlen verraten | Sonntagsblatt – 360 Grad evangelisch, URL: https://www.sonntagsblatt.de/artik el/weltreligionen/spiritualitaet-mystik/spiritualitaet-deutschland-was-die-zahle n-verraten, Stand: 8. Januar 2020.

Hirsch, Andreas J. (o.J.): Wie Teile eines kosmischen Puzzles – Landkarten der Nichtalltäglichen Wirklichkeit, URL: https://www.shamanicstudies.net/landkar ten-der-nicht-alltaeglichen-wirklichkeit/, Stand: 8. Januar 2020.

Ingerman, Sandra (o.J.): Über Sandra Ingerman, URL: https://www.sandraingerma n.com/aboutsandraingerman.html, Stand: 8. Januar 2020.

Institut für Ganzheitsmedizin e.V. (2019): Institut für Ganzheitsmedizin e.V., URL: https://institut-ganzheitsmedizin.de/index.html, Stand: 8. Januar 2020.

Kempel, Alexander (2010): Morphoblog, Pampamesayok, URL: https://morphoblo g.de/pampamesayok/, Stand: 8. Januar 2020.

Klima-Bündnis der europäischen Städte mit indigenen Völkern der Regenwälder / Alianza del Clima e.V. (2019): Indigene Völker: Definition, URL: http://www.in digene.de/76.html?&L=1, Stand: 8. Januar 2020.

Künzel, Cornelia (o.J.): Schamanische Entwicklungswege, URL: http://www.sham an-magazine.com/magazine/Pressemeldungen/019/008/488/51/99999/1/1 , Stand: 8. Januar 2020.

Marx, Susanne (2015): Schamanismus – Was ist Schamanismus? – YouTube, URL: https://www.youtube.com/watch?v=ua3f9Jo9Fec, Stand: 8. Januar 2020.

Mülders, Fe San (2013): Schamanismus heute leben – YouTube, URL: https://www .youtube.com/watch?v=WTscE-QtKTo&t=13s, Stand: 11. August 2019.

Obermaier, Lara`Marie (2013): Schamanische Energiemedizin – YouTube, URL: https://www.youtube.com/watch?v=FglDOeetN-o, Stand: 8. Januar 2020.

Obermaier, Lara`Marie (2018): Portrait: Obermaier Lara`Marie (Dein-Sechster-Sinn.de) – YouTube, URL: https://www.youtube.com/watch?v=cIoX4RX86uY& t=1217s, Stand: 8. Januar 2020.

Obermaier, Lara`Marie (2019): Fieldhealing Ausbildung. Nicht veröffentlichte Ausbildungsinhalte, URL: https://www.laramarieobermaier.com/fieldhealing-block-ausbildung/fieldhealing-ausbildungsinhalt/, Stand: 8. Januar 2020.

Passie, Torsten (2005): Die populäre Rezeptionsgeschichte des Schamanismus, URL: http://www.schamanismus-information.de/rezeptionsgeschichte/der_schamanismus.htm, Stand: 8. Januar 2020.

Pfeiffer, Franziska (2018): Interviewleitfaden für deine Experten erstellen mit Beispiel, URL: https://www.scribbr.de/methodik/interviewleitfaden/, Stand: 8. Januar 2020.

Pixabay (2019): Pixabay – lizenzfreie Bilder, URL: https://pixabay.com/de/, Stand: 8. Januar 2020.

Pohler, Gerald/Ussusic, Paul/Schmitt, Thomas. (2009): Ärztlich-Schamanische-Ambulanz-Wien, URL: https://www.shamanicstudies.net/wp-content/uploads/2017/12/A%CC%88rztlich-Schamanische-Ambulanz-Wien-2.pdf, Stand: 8. Januar 2020.

Renner, Alexander (o.J.): Gehirnwellen- ein paar Grundlagen, URL: https://alexander-renner.com/gehirnwellen-ein-paar-grundlagen, Stand: 8. Januar 2020.

Seeler, Carola (2013): Schamanismus und moderne Psychotherapie?, URL: https://www.vfp.de/verband/verbandszeitschrift/alle-ausgaben/59-heft-01-2013/84-schamanismus-und-moderne-psychotherapie.html, Stand: 8. Januar 2020.

Stöcker, Nicole (o.J.): Gehirnwellen und Bewusstseinszustände, URL: https://www.hemi-sync.ch/mehr/hemi-sync-fakten/gehirnwellen/index.php, Stand: 8. Januar 2020.

Strauß, Timo (o.J.): In der Hälfte des Lebens opfern wir unsere Gesundheit, um Geld zu verdienen. In der anderen Hälfte opfern wir Geld, um die Gesundheit wiederzuerlangen, URL: https://www.zitateundsprueche.com/in-der-haelfte-des-lebens-opfern-wir-unsere-gesundheit-um-geld-zu-verdienen/, Stand: 8. Januar 2020.

Techniker Krankenkasse (2016): Entspann dich, Deutschland – TK-Stressstudie 2016, URL: https://www.tk.de/resource/blob/2026630/9154e4c71766c410dc859916aa798217/tk-stressstudie-2016-data.pdf, Stand: 8. Januar 2020.

Titze, Anja (2007): Die Vereinten Nationen und indigene Völker, URL: https://zeitschrift-vereinte-nationen.de/fileadmin/publications/PDFs/Zeitschrift_VN/VN_2007/Heft_5_2007/03_titze_aufsatz_5-07_4-10-2007_li.pdf, Stand: 8. Januar 2020.

Utopia Team (2019): Earth Overshoot Day 2019: Welterschöpfungstag schon am 29. Juli, URL: https://utopia.de/ratgeber/earth-overshoot-day/, Stand: 8. Januar 2020.

Verband Freier Psychotherapeuten, Heilpraktiker für Psychotherapie und Psychologischer Berater e.V (1939 geändert 1974): Heilpraktikergesetz, URL: https://www.vfp.de/psychologie/fachinfos/412-heilpraktikergesetz.html, Stand: 8. Januar 2020.

ZEIT Campus (2019): Fridays For Future: Auf der Straße für das Klima, URL: https://www.zeit.de/thema/fridays-for-future, Stand: 8. Januar 2020.

Zentrum für ganzheitliche Krebsberatung e.V. (o.J.): Ärztlich-Schamanische-Ambulanz – Gruppe 94, URL: https://www.gruppe94.at/asa/, Stand: 8. Januar 2020.

Zeitfracht Medien GmbH
Ferdinand-Jühlke-Straße 7
99095 Erfurt, Deutschland
produktsicherheit@kolibri360.de